Ostrava

Michael Leidner

Ostrava

Ein Porträt der Stadt in 10 Kapiteln

Bibliografische Information der Deutschen Nationalbibliothek:
Die Deutsche Nationalbibliothek verzeichnet diese Publikation in der
Deutschen Nationalbibliografie; detaillierte bibliografische Daten sind
im Internet über http://dnb.dnb.de abrufbar.

Herstellung und Verlag: BoD – Books on Demand, Norderstedt
ISBN: 9783748189145

Inhaltsverzeichnis

Abbildung 1: Ansicht Ostrava von oben (Postkarte aus den 1930er Jahren)

Annäherungen

Eine Stadt besuchen ist heute einfach. Man tippt auf Google-Maps den Namen der gewünschten Stadt ein und schon ist man da. Man kann die Stadt wie im Helikopter überfliegen, an bestimmten Orten verweilen und sie aus geringerer Höhe betrachten. Oder man wählt eine Schrägansicht. Anschließend kann man durch die Straßen fahren und Gebäude aus der Nähe ansehen. Doch ist das noch nicht alles. Will man Genaueres über ein Museum wissen, so klickt man direkt auf das Symbol der Sehenswürdigkeit und gelangt zu der Homepage mit weiteren Informationen über Öffnungszeiten usw. Oft wird auch ein virtueller Rundgang angeboten. Ein Schloss etwa kann man auf diese Weise viel umfassender betrachten, als wenn man selbst vor Ort wäre – und vor allem mit mehr Ruhe. Entschließt man sich dann zur Reise, so kennt man die Stadt schon, ihre Topographie, ihre Denkmäler, ja man weiß sogar, welche Farbe die Straßenbahnen haben. Man ist vertraut mit der Stadt, weiß, wie es dort aussieht, die Stadt ist nicht mehr fremd. Hat man genug Zeit, so kann man am Schreibtisch sogar eine komplette Reise virtuell durchführen. Das geht so weit, dass man auch zu der Erkenntnis gelangen kann, dass die Stadt eigentlich nichts Besonderes ist und man die reale Reise dorthin sein lassen kann.

Als ich Ostrava zum ersten Mal virtuell besucht habe, kreiste ich lange über weite Flächen in verschiedenen Brauntönen. Waren das Häuser? Ackerflächen konnten es nicht sein. Bei näherer Betrachtung sah ich, dass das offensichtlich Werksanlagen waren. Unendlich aneinander gereihte, immer gleiche Bauten, dazwischen Lagerplätze und Stapelflächen, Wege und Gleise, die der Betrieb über die Jahre hinweg rostig gefärbt hatte. Fuhr ich dann in meiner Ansicht durch die Straßen, sah ich die eintönigen Industriebetriebe. Teils aus Ziegelsteinen gemauert, teils aus Fertigteilen errichtet zogen sie sich scheinbar endlos entlang der kurvenlosen Straßenfluchten. Anzeichen eines Fabrikbetriebs fehlten allerdings, alles wirkte schon seit längerem verwaist und leer. Anderswo fand ich Reihen planmäßig angeordneter Bauwerke entlang eines meist rechtwinkligen Wegerasters. Hier war mehr Grün zu sehen. Einen Mittelpunkt der Stadt konnte ich nicht ausmachen. Ich sah keinen zentralen Bahnhof, keine Residenz, keinen Dom, keinen Marktplatz.

Ein Flug über die Stadt, so wie er sich heute mühelos am Computer realisieren lässt, war in früheren Zeiten tatsächlich nur mit einem Helikopter möglich. Der Schriftsteller Jan Balabán (1961-2010) beschreibt, wie er sich Ostrava Anfang der 1990er Jahre näherte:

„Zum ersten Mal sah ich Ostrau aus der Luft und ich traute meinen Augen nicht. [...] Der Hubschrauber glitt langsam über riesige Halden von Taubgut und Schlacke. Aus manchen stieg gelber Rauch auf, manche wuchsen allmählich mit Vegetation zu. Plötzlich erschien eine Siedlung unter uns – Plattenbauten, Straßen, Geschäfte, Schulen und Spielplätze, und schon flogen wir über halb zerfallene, leer stehende Fabrikhallen weiter, hinter einem Erlenwald tauchten die Häuser einer Arbeiter-kolonie auf, dann kam eine Autobahnüberführung, ein Marktplatz mit einer Kirche und ein paar bürgerlichen Häusern. Bald musste der Hubschrauber über riesige Hochöfen steigen, hinter denen sich Berge von Koks, Kohle und Eisenerz türmten, eine freie Fläche zeigte sich, wo noch vor kurzem eine Fabrik gestanden hatte, und da war schon das Stadtzentrum mit Kaufhallen, Geschäftshäusern, Banken, zwei großen Plätzen, der Universität, dem Park und dem Bahnhof.

Abbildung 2: Straßenzug in Vítkovice (Aufnahme 2015)

Dahinter Fördertürme, eine rauchende Kokerei, eine berggroße Schutthalde, Teiche mit toxischem Abfall und gleich daneben eine weitere Plattenbausiedlung, Geschäfte, Schule, Kindergarten und die Chemiewerke, das Kraftwerk mit den riesigen Kühltürmen und dahinter Schrebergärten mit Gartenhäuschen und wieder dahinter eine andere Plattenbausiedlung für Tausende von Menschen."[1] Wieder am Boden, mag Balabán auch den alles durchdringenden schwefeligen Hausbrandgeruch wahrgenommen haben, der auch 30 Jahre nach seinem Erkundungsflug zumindest im Winter noch wie eine zähe Wolke durch die Stadt zieht.

Milan Kundera (geboren 1929), der auch im Westen bekannte Autor des Romans „Die unerträgliche Leichtigkeit des Seins", charakterisiert Ostrava als „Bergarbeiterstadt, die einem riesigen provisorischen Nachtasyl glich, voll von verlassenen Häusern und schmutzigen Straßen, die ins Leere führten."[2] Und an anderer Stelle schreibt er: „Ostrava war eine schwarze Stadt, um die herum es praktisch keine Natur gab, nur Halden, Zäune, Parzellen und ab und zu ein schütteres Wäldchen voller Ruß. Schöne Blumen fand Lucie (eine Figur des Romans) nur auf dem Friedhof."[3]

Für Milan Kunderas Ich-Erzähler ist Ostrava die Metapher für die eigene Verstrickung in die Spannung zwischen Idylle und Zerfall, die er in der Stadt wahrnimmt. Durch die Machtübernahme der Kommunisten in eine prekäre Situation geraten, fährt er gleichsam mit der Kamera durch die Stadt und sieht allenthalben Auflösung und Hoffnungslosigkeit. Seine eigene mentale Befindlichkeit spiegelt sich in der verlorenen und dem Niedergang geweihten Stadt.

Abbildung 3:
Bergarbeiter-
stadt
(Postkarte,
Entstehungszeit
nicht bekannt)

Selbst die verstreuten Zeichen der Zuversicht, die der Erzähler etwa im efeuumrankten Häuschen sieht, widersprechen nicht der Grundtendenz des unaufhaltsamen Niedergangs, sondern unterstreichen nur die unumkehrbare Absurdität seines Daseins: „Ich setzte mich in die Lokalbahn, eine alte Straßenbahn, die auf schmalen Gleisen dahinratterte und weit auseinander liegende Stadtviertel miteinander verband, und ließ mich ins Blaue fahren. Aufs Geratewohl stieg ich aus und setzte mich in den Wagen einer anderen Linie; die endlose Peripherie Ostravas, in der sich Fabriken und Natur, Felder und Müllplätze, kleine Wäldchen und Halden, Mietskasernen und Landwirtschaftsgebäude in höchst befremdender Zusammensetzung vermischten, faszinierte und erregte mich auf sonderbare Art; ich stieg wieder aus der Straßenbahn und machte einen langen Spaziergang: ich nahm diese seltsame Gegend fast mit Leidenschaft in mir auf und versuchte, ihrer Atmosphäre auf den Grund zu kommen; ich versuchte, in Worte zu fassen, was dieser aus so verschiedenartigen Elementen zusammengesetzten Gegend Einheit und Ordnung verlieh; ich kam an einem idyllischen, efeuumrankten Häuschen vorbei und dachte, es gehörte *gerade deshalb* hierher, weil es absolut nicht zu den baufälligen Mietskasernen in seiner Nachbarschaft passte, ebenso wenig wie zu den Silhouetten der Fördertürme, Schlote und Hochöfen, die den Hintergrund bildeten; ich kam an niedrigen Notunterkünften vorbei, die eine Siedlung innerhalb der Siedlung darstellten, und in geringer Entfernung dazu erblickte ich eine schmutzige und graue Villa, die aber von einem Garten mit prunkvollem Eisenzaun umgeben war; in einer Ecke des Gartens stand eine große Trauerweide, die sich in dieser Landschaft wie eine verirrte ausnahm - und dennoch, sagte ich mir, gehörte sie vielleicht *gerade deshalb* hierher. Ich war durch alle diese kleinen Entdeckungen des *Unangemessenen* nicht nur deshalb so erregt, weil ich darin den gemeinsamen Nenner dieser Landschaft sah, sondern vor allem, weil es für mich das Bild meines eigenen Schicksals darstellte, meiner eigenen Verbannung in dieser Stadt; natürlich: die Projektion meiner persönlichen Geschichte auf die Objektivität der ganzen Stadt verschaffte mir eine Art Versöhnung; ich begriff, dass ich nicht hierhergehörte, ebenso wenig wie die Trauerweide und das Efeuhäuschen, ebenso wenig wie die kurzen Straßen, die ins Leere und ins Nichts führten, die Straßen, die aus Häusern zusammengewürfelt waren, von denen ein jedes von anderswoher zu stammen schien, ich gehörte nicht hierher, ebenso wenig wie die abscheulichen Viertel der niedrigen Notbaracken (in einer einst trostspendenden ländlichen Gegend), und mir wurde klar, dass ich, gerade weil ich keineswegs hierhergehörte, hier sein musste, in dieser fürchterlichen Stadt, die alles, was einander fremd war, rücksichtslos in ihrer Umklammerung eingeschlossen hatte."[4]

Die Stadt als Bühne der eigenen Befindlichkeit, die hier Agonie und Auflösung heißt. Trostlos mag Ostrava durchaus sein, das Zerrbild eines endlosen, unüberschaubaren Netzwerks von Straßen, Rohren, Eisenbahnen, dazwischen Häuserblocks, Fabriken, Brachen, Fördertürme, Abraumhalden, Gasfackeln und rauchende Schlote. Sie geben der Stadt weder Anfang noch Ende, weder Zentrum noch Peripherie. Eine Stadt, die von Westeuropa aus betrachtet den Topos der in die sibirische Wildnis hineingeklotzten Industriestadt repräsentiert. Wohn- und Industrieanlagen gigantischen Ausmaßes stehen für den Sieg des Sozialismus. Doch ist Ostrava überhaupt eine Stadt? Es fehlt das zusammenhängende Ganze, eine einigermaßen klare Grenze zwischen innen und außen. So scheint Ostrava mehr eine hingestreute Ansammlung von Häusern, Bergwerken und Industrieanlagen zu sein, mit der sie verbindenden Infrastruktur dazwischen, an einigen Stellen verdichtet zu einer Art von Zentrum.

Ostrava – ein Ziel für Touristen?

Nach Ostrava kommen nicht viele Menschen. Es ist kein Sehnsuchtsort. Es ist nicht schön. Oder doch? Eine Zeitschrift mit dem Titel „Krásná Ostrava", die online erscheint und herausgegeben wird vom Verschönerungsverein der Stadt, zeigt Ostrava mit all ihren Hässlichkeiten, Brüchen und Ruinen, leer und öde. Gleichzeitig ist sie aber auch der Versuch, verborgene und oftmals bis zur Unkenntlichkeit heruntergekommene Bauwerke im Gedächtnis der Bewohner präsent zu halten und so den Verfall wenigstens in der virtuellen Realität zu stoppen. Blättert man durch die Online-Ausgabe von „Krásná Ostrava"[5] so gelangt man zu einer bemerkenswerten Demonstration des kaum zu ermessenden kulturellen Kapitals dieser Stadt. Doch suchen die Touristen kaum diesen besonderen Schatz. Ostrava ist allenfalls ein Ziel für Menschen, die Reisen als Schwellenkunst betreiben, so wie dies Roland Barthes beschreibt.[6] Schwellenkunst, das bedeutet, dass der Reisende nicht die bewunderten Monumente aufsucht, sondern vielmehr vernachlässigte Orte bevorzugt, die sonst nicht weiter beachtet werden. Das Kleine, das Dunkle und Schmutzige, der größtmögliche Kontrast zu den schönen und bewunderten Orten ist das Besondere des Reisens als Schwellenkunst. Diese Antithese zum Sehnsuchtsort kann man auch in Ostrava erfahren, scheinbar zu klein geratene historisierende Paläste, in blassem Gelb und mit abbröckelndem Putz, Netze, die die Teile der Fassade zusammenhalten und den Spaziergänger vor herabfallenden Teilen schützen, die Fensteröffnungen zugemauert. Dächer, die mit Teerpappe geflickt sind, Pflanzen, die die Mansarddächer überwuchern. Die Schaufenster sind leer, verklebt oder eingeworfen, nichts wird hier mehr angeboten. Eine geeignete Kulisse für einen Horrorfilm über den Verfall des Kapitalismus.

Abbildung 4: Smetanovo náměstí / 28. října (Aufnahme 2015)

Herkömmliche Attraktionen, die man als Tourist gerne besucht, findet man in Ostrava nur wenige. Der Tourist in Tschechien fährt, so sagt es die Reiseplattform Tripadvisor, außer nach Prag nach Český Krumlov oder Lednice. Eine geordnete Welt ohne die Abgründe der Moderne, geschrumpft auf eine überschaubare Kleinstadt in einem malerischen Flusstal mit Burg obenauf. Und, im anderen Fall, erwartet den Besucher ein Märchenschloss, in dem man mühelos in eine Traumwelt aus den Kindertagen erleben kann, als ein guter Herrscher das Böse in Schach hielt und mit seiner Gemahlin in immerwährender Harmonie lebte. Alles in allem also die perfekte Essenz aus Geborgensein, Glück und Gemütlichkeit. Der britische Soziologe John Urry schreibt, dass

Menschen touristische Ziele nach dem größtmöglichen Kontrast zu ihrem Alltag wählen. Man fährt dorthin, wo es genau anders aussieht als zu Hause, wo man andere Menschen treffen kann und andere Bauwerke anstaunen.[7] Eben genau die Schwelle, die den trüben Alltag draußen hält.

Menschen besuchen aber nicht nur mehr oder weniger perfekte Illusionsorte einer idealisierten Vergangenheit oder imaginierten Traumwelt. Attraktiv sind auch jene Orte, deren Besuch soziale Distinktion verspricht. Zeigt man Bilder von sich und der Tower Bridge oder der Freiheitsstatue, so gibt man zu erkennen, dass man sich die Reise dorthin leisten kann. Das funktioniert auch deshalb, weil diese Orte zu Marken geworden sind, Embleme mit hohem Wiedererkennungswert. Oder man fährt dahin, wo man es einfach schön findet. Seit Generationen sind Städte wie Paris, Florenz oder Rom Ziele aus eben diesem Grund. Ihre Bauwerke gelten als bezaubernd, sie haben eine besondere Atmosphäre, die sie zu Sehnsuchtsorten macht. Sie sind Stätten von kunsthistorischem Interesse, und wie die Ziele, die zur Marke geworden sind, erlauben auch die kunsthistorisch interessanten Orte einen Gewinn an Prestige. Allerdings benötigt man dafür neben wirtschaftlichem auch kulturelles Kapital. Nur wer etwas von Geschichte, Architektur und Kunst versteht, findet die Attraktionen, überhaupt, kann ihre Bedeutung dekodieren und ihre Rolle in der Geschichte verstehen. Bei Dieter Richter, dem Autor zahlreicher kulturgeschichtlicher Bücher über Italien, liegen die Sehnsuchtsorte immer im Süden, weshalb er von einer Reiseachse von Nord nach Süd spricht, hin zur ewigen Sonne.

Alles das trifft auf Ostrava nicht zu. Niemand kennt es, auch der deutsche Name Ostrau weckt, zumindest bei den Jüngeren, keine Assoziation. Mit Ostrava verbindet sich kein Prestige, die kunsthistorische Bedeutung hält sich in Grenzen. Harmonische Schönheit? Ja, bedingt, vielleicht die Landschaft um Ostrava. Ostrava käme als Ausgangspunkt für Fahrten in die Umgebung in Frage. Weil aber noch niemand dort war, kann niemand über die mögliche Attraktivität dieser Stadt berichten. Keiner erzählt, da ist es schön, da muss man hin. Auch eine besondere Bedeutung in der Geschichte, wie es sie etwa für das jüdische Prag gibt, existiert hier nicht. Nur eine Minderheit mag sich für die Geschichte der Industrialisierung interessieren, etwas, womit Ostrava punkten kann. Die Industrialisierung ist Ostravas treibende Kraft, auch wenn sie heute eher im Museum nachvollziehbar wird. Industrie kennt der gewöhnliche Mitteleuropäer aber von zuhause. Sucht er als Tourist im Sinne John Urrys nach dem Kontrapunkt zu seinem Alltag, wird er wohl kaum dorthin fahren, wo die Spuren jahrzehntelanger Kohle- und Stahlproduktion allgegenwärtig sind. Der Anblick abbruchreifer Hochöfen und verfallender Arbeitersiedlungen lenkt niemand von den eigenen Sorgen ab. Und das Stadion oder die Kneipenstraße Stodolní, die laut Tripadvisor ebenfalls zu den 10 wichtigsten Sehenswürdigkeiten Ostravas zählen, lassen sich auch eher als Symbole des Niedergangs begreifen, zieht man den sportlichen Erfolg des ortsansässigen Fußballvereins FC Baník Ostrava und den Status der Stodolní als Saufmeile in Betracht.

Abbildung 5: Stodolní (Aufnahme 2015)

Ein Rathaus als Leuchtturm

Doch natürlich gibt es Außergewöhnliches in Ostrava. Eine Landmarke ist der Rathausturm in Ostrava. Man kann sich ihm so nähern, wie sich Roland Barthes dem Eiffelturm genähert hat: „Der Eiffelturm betrachtet Paris. Ihn besuchen, heißt sich auf den Balkon begeben, um eine bestimmte Essenz von Paris wahrzunehmen, zu begreifen und auszukosten."[8] Was heißt das für den Rathausturm in Ostrava? Welche Essenz ist hier gemeint? Industrie vor allem, ein nahezu unübersehbares Gebäudemeer, aber auch Lücken, Brache, Nichts. Es ist, als ob man zwischen zwei gegenüberliegenden Spiegeln steht und sich Produktionsanlagen, Plattenbauten, Versorgungsstränge und Verkehrswege sich ins Unendliche fortsetzen. Barthes erkennt vom Eiffelturm aus die Stadt als Natur, er sieht in ihm einen „besichtigten Aussichtspunkt", der aus der Stadt eine Art Natur macht: Der Turm „konstituiert das Gewimmel der Menschen als Landschaft, er fügt zum urbanen, oft finsteren Mythos der Stadt eine romantische Dimension, eine Harmonie. Durch ihn und von ihm aus tritt die Stadt zu den großen Naturthemen, die sich der Neugier des Menschen darbieten: Ozean, Sturm, Gebirge, Schnee, Ströme."[9] Natur offenbart sich in Ostrava jedoch als aufsteigender Rauch, als kahler Abraumhügel, aber auch als in der Sonne glänzende Berggipfel in den nahen Beskiden. Und nicht zuletzt der Fluss, die Ostravice, die in ihrem Hochwasserbett durch die Stadt zur Oder fließt. Doch die Stadt hält sich fern vom Fluss, weil er allzu oft Verderben brachte. Bei starkem Regen strömen große Wassermassen von den Beskiden herab und lassen ihn binnen kürzester Zeit anschwellen. Schon früher lief durch das Becken zwischen den Beskiden und den Oderbergen ein wichtiger Verkehrsweg, die Bernsteinstraße, die die Ostsee mit dem

Mittelmeer verband. Aber bis heute hat die Oder nicht die Bedeutung als Verkehrsachse erreicht wie etwa die Rheinschiene Basel – Rotterdam.[10]

Abbildung 6: Rathausturm (Postkarte, 1930er oder 1940er Jahre)

Abbildung 7: Blick vom Rathausturm nach Westen, in der Bildmitte der Förderturm der Důl Jindřich (Grube Heinrich) (Aufnahme 2016)

Von hier oben lässt sich der Raum der Stadt ganz anders lesen. Es ist kein Belvedere, kein Aussichtspunkt wie in anderen Städten, der Blick ist hier ein anderer. Sichtbar wird ein unendlich ineinander verwobenes Geflecht aus Fabrikanlagen, Plattenbauten und Straßen- und Schienenwegen. Die Vogelperspektive, so schreibt Barthes, „ermöglicht es, über die unmittelbare Wahrnehmung hinaus-zugelangen und die Dinge in ihrer Struktur zu sehen. [...] Eine neue Kategorie, die der konkreten Abstraktion, erscheint. Das ist im übrigen die Bedeutung, die man heute dem Wort Struktur geben kann: ein Körper aus verständlichen Formen."[11] Der Besucher, der oben auf dem Rathausturm steht und herunter schaut, versucht, dem Gesehenen Struktur zu geben, Bedeutung zu geben in dem unentwirrbaren und scheinbar einfach hingeworfenem Chaos. Er will Gemeinsamkeiten erkennen, er entziffert das Panorama, sucht Bekanntes heraus, versucht Anhaltspunkte zu erkennen. Oder wie Barthes sagt: „Er trennt und ordnet."[12] Die Stadt aus der Vogelperspektive wahrzunehmen, bedeutet für Barthes zwangsläufig, sich Geschichte vorzustellen: „Von der Höhe des Eiffelturms aus wird der Geist dazu verlockt, von der Verwandlung der vor ihm liegenden Landschaft zu träumen."[13] In Ostrava gleitet man gleichsam durch die Zeit und stellt sich vor, wie ringsum der kleinen Siedlung Bergwerke entstehen, Äcker allmählich verschwinden und immer mehr Fabriken an ihre Stelle treten. Und plötzlich ist da dazwischen ein Geflecht aus Wegen, Rohren, Verbindungen unterschiedlicher Farben. Von hier oben betrachtet erschließt sich auch der Collagen-Charakter der Stadt, von dem der Architekturhistoriker Martin Strakoš spricht.[14] Collage, das heißt scheinbar zufällig zusammengeklebt, überlappend, unvollendet, ausfransend. Und gerade den Rand nimmt Strakoš in den Blick, wenn er die Faszination der Peripherien hervorhebt, die von jeher zu Ostrava gehörten und die in den letzten 150 Jahren ihre Gestalt immer wieder verändert haben. Peripherien, das sind für Strakoš Arbeiterkolonien, Gruben und Fabriken genauso wie in der heutigen postmodernen Zeit Autosalons, Parkplätze und Einkaufszentren.[15] Doch bleibt offen, was in Ostrava Peripherie, was Zentrum ist. Eine klare Zuordnung scheint gar nicht möglich zu sein. Vielmehr wird die Disparatheit der Stadt ersichtlich, die Fragmentierung in verschiedene Zonen. Hier geschlossene Straßenzüge mit historisierenden Gebäuden, atmosphärisch, dort Reihen verfallender Bauten, Orte, an denen niemand mehr sein will. Elendsquartiere mit Häusern, deren Fensteröffnungen mit Pressspanplatten verschlossen sind. Und immer wieder erblickt man idiosynkratische Rohr-verbindungen, kreuz und quer über den Köpfen verlaufend. Viele sind heute funktionslos geworden und künden allenfalls noch von der vergangenen industriellen Betriebsamkeit. Die panoramatische Sicht von hier oben auf Ostrava kann nicht die geografischen Zeichen erfassen, um die Stadt als Ganzes zu lesen. Typische Orientierungspunkte fehlen. Stattdessen fangen Industriebrachen, leere Zechengelände und unendlich hingestreckte Gleisanlagen den Blick immer wieder ein. Eher schemenhaft zeichnen sich dahinter Umrisse einer Fortsetzung dieser Gebilde ab, die bis ins Unendliche reicht. Könnte dieses disparate Bild aber nicht auch eine Projektion der Stadt der Zukunft sein? Ein Stadtraum gewissermaßen, in dem auf ausgedehnter Grundfläche verschiedenste Funktionseinheiten locker aufeinander bezogen sind. Wohnviertel sozialer Klassen, Produktionsorte bestimmter Waren und Dienstleistungszentren finden sich in eigenen kleinen Mikroräumen, die jedoch nur der kennt, der etwas damit zu tun hat.

Der Rathausturm ist aber auch ein Symbol. Er steht für den Aufbruch in die neue Zeit, für Unabhängigkeit und Wohlstand. Er steht in einer Reihe mit den selbstbewussten Rathaustürmen von Brügge bis Wien. Der konstruktivistische Turm wurde zu einem Wahrzeichen der modernen Stadt, zu ihrem Leuchtturm. Seine Silhouette diente über Jahrzehnte als Sendezeichen der örtlichen Fernsehanstalt.[16]

Abbildung 8: Blick vom Rathausturm nach Norden auf die Přívozská halda (Halde von Přívoz) und das dahinter liegende Heizkraftwerk (Aufnahme 2016)

Der Rathausturm, dessen transparenter Aufzugsschacht und Aussichtspattform nachts in verschiedenen Farben erleuchtet wird, ist gleichsam die Weiterentwicklung der Fördertürme, ein Symbol für den Fortschritt der Stadt. Der Entwurf für Rathaus und Turm stammt von dem Brünner Architekten Vladimír Fischer und seinen Ostrauer

Kollegen František Kolař und Jan Rubý. Er wurde von 1924 bis 1930 realisiert und ist bis heute der größte Rathauskomplex in der Tschechischen Republik. Der Architekturhistoriker Jindřich Vybíral schreibt dazu: „Die Haupt-gliederung des neuen Rathauses, seine symmetrische Anordnung einschließlich Turm, Ehrenhof und Portikus mit überlebensgroßen Bronzestatuen sowie den geschlossenen Innenhöfen knüpft an die traditionellen Rathausbauten des 19. Jahrhunderts an, doch verbindet sie eine unbestreitbare Ähnlichkeit mit der Phalanstère des utopischen Sozialisten Charles Fourier."[17] Phalanstère, das war das Gebäude für eine utopische Produktions- und Wohngemeinschaft, das zu Beginn des 19. Jahrhunderts von Charles Fourier erdacht worden war. Doch ist diese Idee nicht nur in Ostrava Utopie geblieben.

Kohle und Eisen – die Entstehung der Schwerindustrie

Die Industrialisierung ist bis heute ein mit der Geschichte Ostravas verflochtenes Narrativ. Černa Ostrava, das Schwarze Ostrava, das stählerne Herz der Tschechoslowakei, immer wieder stößt man in Ostrava auf diese Erzählung. Zerstört ist die Landschaft, fragmentiert der Stadtraum, und deformiert sind die Menschen, die hier leben. Die Fotografien Viktor Kolařs (geboren 1941) bezeugen dies. Triste Abraumhalden, seelenlose Plattenbauten, öde Straßen und immer wieder schwarze, abgekämpfte Gesichter stellen Elemente dieses Narrativs dar. Starke Hell-Dunkel-Kontraste erlauben keine Zwischentöne, sondern spiegeln wie das grobe Korn der Fotografien die Härte des Alltags.

Abbildung 9: Viktor Kolář: Ostrava. Praha: Kant 2010

Schon in den 6oer Jahren des 18. Jahrhunderts wurde in Ostrava Steinkohle abgebaut. Markstein für den Prozess der Industrialisierung war indes 1828 die Gründung eines Hüttenwerks durch den Olmützer Erzbischof Rudolf Johann von Habsburg (1788-1831) in Vítkovice, gut zwei km südwestlich des Marktplatzes in Ostrava, dem heutigen Masarykovo náměstí. Es war der erste Hochofen der österreichischen Monarchie. Salomon Meyer Rothschild (1774-1855) erwarb nach dem Tod des Erzbischofs 1831 die Hütte. Rothschild, der der berühmten Frankfurter Familie entstammte, hatte sich am Wiener Hof dadurch Verdienste erworben, dass er in den Napoleonischen Kriegen die finanziellen Zuwendungen Englands nach Österreich überbrachte. Der Erwerb eines Hochofens war für ihn deswegen interessant, weil er seit 1830 schon den Bau der später Kaiser-Ferdinand-Nordbahn genannten Verbindung von Wien über Ostrava nach Krakau vorantrieb. Durch das Hüttenwerk konnte er zum einen die Versorgung seines Bahnprojektes durch eine eigene Schienenproduktion absichern und war nicht länger von englischen Importen abhängig.[18] Zum anderen konnte er aber auch nach Fertigstellung der Bahnverbindung seine Produkte kostengünstig zu den Absatzmärkten transportieren. So entstand einer der für die erste Phase der Industrialisierung in Mitteleuropa typischen Verflechtungen aus Produktion und Absatzsicherung, eine frühe Marketingstrategie. In der Folge beschleunigte sich der Industrialisierungsprozess rapide. Weitere Bergwerke entstanden über das ganze Gebiet des heutigen Ostrava verstreut. In alten Ansichten lässt sich noch nachvollziehen, wie hingeworfen das Werksgelände der Hütten erscheint, planlos, schnell errichtete Gebäude, wild durcheinander gebaut. Wie eine Wildweststadt, die nach Gebrauch wieder verlassen wurde. Oder aber eine Dauerbaustelle, bei der nicht zu entscheiden ist, ob das Ganze noch nicht fertig oder bereits wieder im Abbau begriffen ist.

Abbildung 10: Mor. Ostrava Žofinská huť (Postkarte, genaue Entstehungszeit nicht bekannt)

Die wirtschaftlichen Aktivitäten in der Mitte des 19. Jahrhunderts führten zu einem kaum mehr vorstellbaren Bevölkerungswachstum. Durch Zuwanderung, überwiegend aus dem ebenfalls habsburgischen Galizien, explodierte die Einwohnerzahl Ostravas. Im Kerngebiet von Mährisch-Ostrau lebten im Jahr 1830 2.000 Menschen, 1869 knapp 7.000 und 1890 mehr als 19.000. Der Großraum Ostrava hatte 1843 18.711 Einwohner, 1910 fast zehnmal so viele, nämlich 186.613. Die Folgen dieses rasanten Industrialisierungsprozess lassen sich heute gut nachvollziehen, wenn man auf die sog. Schwellenländer blickt, allen voran China. Wo früher Felder waren, stehen plötzlich riesige Fabriken. Gewaltige Warenströme werden auf neu entstandenen

Pisten und Eisenbahnen von Fabrik zu Fabrik und zu den Absatzmärkten im fernen Wien oder sonstwo bewegt. Landarbeiter verlassen ihre Felder mit der Aussicht auf ein besseres Leben in der Stadt. Schleichend und unkontrolliert breiten sich daher die Ansiedlungen aus, um den Ansturm der Arbeitskräfte aufzufangen. Die Luftverschmutzung nimmt zu, der Smog dürfte dem heutigen in Peking und anderen chinesischen Großstädten kaum nachgestanden haben. Auch Wasser und Erde sind verseucht, die Folgen stellen bis in unsere Tage eine Gefahr für die Gesundheit der Menschen dar.

Nachdem Salomon Meyer Rothschild das Hüttenwerk in Vítkovice gekauft hatte, holte er sich mit Franz Xaver Riepl (1790-1857) einen ausgewiesenen Experten im Bergbau- und Hüttenwesen. Er ist für die Inbetriebnahme der ersten Kokshochöfen 1836 und damit für eine grundlegende Modernisierung der Eisenhüttentechnologie verantwort-lich.[19] Rothschild beteiligte die Brüder David und Wilhelm Gutmann am Eisenwerk, das weiter florierte, nicht zuletzt durch die Ferdinands-Nordbahn, die Ostrava 1847 erreichte. So konnte eine repräsentative Villa im spätklassizistischen Stil für den Direktor errichtet werden (1847-8). Sie stand zwar im Westen der Fabrik, doch waren die Anlagen immer noch nah genug, dass es schwer vorzustellen ist, wie der Direktor inmitten des Lärms und Gestanks seiner Arbeit nachzugehen vermochte. Während der 1870er Jahre sank die Rentabilität der Anlage, und Paul Kupelwieser wurde als Direktor bestimmt, um das Werk grundlegend zu modernisieren. Paul Kupelwieser (1843-1919) war der Sohn des spätromantischen Malers und Grafikers Leopold Kupelwieser (1796-1862). Er folgte seinem 13 Jahre älteren Bruder Franz und studierte an der Bergakademie in Leoben. Nachdem er für verschiedene Hüttenbetriebe gearbeitet hatte, übernahm er von 1876-93 die Direktion in Vítkovice und baute das Werk zur größten Hochofenanlage im damaligen Österreich-Ungarn aus. 1888 wurde die Hütte noch um ein neues Gussstahlwerk und eine Dampfziegelei erweitert. Bemerkenswert ist, dass sich Paul Kupelwieser um angemessenen Wohnraum für seine Arbeiter kümmerte. So entstand die Fabriksiedlung, die als Nové Vítkovice (neues Wittkowitz) bekannt ist.[20]

Abbildung 11: Monumentalbild Vítkovice (Ausschnitt aus dem Monumentalgemälde von Otto Bollhagen im Stadtmuseum von Ostrava. 1920er Jahre, Aufnahme 2016)

Die Arbeiterkolonie sollte in erster Linie dazu dienen, den Beschäftigten des Hüttenwerks erschwinglichen Wohnraum zur Verfügung zu stellen und sie auf diese Weise an den Betrieb zu binden. Ab 1883 entstand eine Siedlung mit Kirche, Speiselokal,

Hotel, Turnhalle und Krankenhaus sowie Häusern für die Arbeiter. Die Kirche und das gegenüberliegende Rathaus, dazwischen ein kleiner Stadtplatz, das war der Kern der Siedlung – anders als heute, wo sich neue Stadtviertel um das Einkaufszentrum herum entwickeln. Die firmeneigene Architektur-abteilung entwickelte in Zusammenarbeit mit Architekten aus Wien einen einheitlichen Baustil, an dem sich die Gestaltung der Bauten orientierte. Alles wurde folglich nach dieser Vorlage errichtet, die wiederum ihre Vorbilder in vergleichbaren Bauwerken im Ruhrgebiet und in England hatten.[21] Herausstechende Merkmale dabei waren unverputzte Mauerwerksfassaden und sichtbar bleibende Teile des hölzernen Dachstuhls. Später verwendete man auch Bauformen der Sezession und des Historizismus.[22] So zeigt das 1901-1902 am zentralen Platz der Siedlung, dem Mírové náměstí, errichtete Rathaus Elemente der deutschen Spätgotik und Renaissance, kombiniert mit sezessionistischen Details.[23] Dass der Zweck der Bauten nicht immer von Anfang an klar war, zeigt der Kirchturm der Kirche St. Paul auf dem Mírové náměstí, der zuerst als Wassertum errichtet wurde, bevor man ihm ein Kirchenschiff anhängte.[24]

Die wirtschaftliche Blüte Vítkovices hielt auch in den folgenden Jahren an. Weitere Kohlegruben wurden in Betrieb genommen, und die Bevölkerung wuchs weiter. Zählte Vítkovice im Jahr 1843 nur 328 Einwohner, so waren es 1890 10.249 und 1910 bereits 23.151. Dies führte dazu, dass Vítkovice 1908 den Status einer Stadt erhielt. Der Architekturhistoriker Martin Strakoš schreibt: „Vítkovice ist nicht nur ein Stadtbezirk von Ostrava, es ist auch eine Fabrik, die in das städtische Geflecht integriert ist."[25] Zugleich entwickelte sich aber auch das Kerngebiet Ostravas weiter. Insbesondere im Viertel Přívoz, in dem auch der Hauptbahnhof liegt, entstanden neue Gebäude. Hier wurde sogar der renommierte Stadtplaner Camillo Sitte (1843-1903) aus Wien damit beauftragt, ein neues Zentrum mit Kirche und Rathaus zu entwerfen, das von 1895 bis 1910 errichtet wurde. Einige der Bauten wurden in den 1970er und 80er Jahren wieder abgerissen.[26] Die heute noch erhaltenen Gebäude belegen den Ruf Ostravas als „erste Provinzstadt im alten Österreich."[27] Rund um den neu entstandenen Stadtplatz Náměstí Svatopluka Čecha finden sich zahlreiche repräsentative Wohngebäude sowie das von Camillo Sitte errichtete und heute als Stadtarchiv genutzte Rathaus. Ein typisches Beispiel für die Bauten dieser Zeit ist das von Felix Neumann (1860-1942) 1898-1899 im Stil der Wiener Sezession mit historistischen Elementen errichtete Wohnhaus am Náměstí Svatopluka Čecha Nummer č. 2. Hier ist das original erhaltene Jugendstilportal bemerkenswert. Zwischen den beiden Seitenrisaliten verläuft ein Balkon, dessen eisernes Geländer mit Pflanzenmotiven dekoriert ist.

Abbildung 12: Náměstí Svatopluka Čecha č. 4 (Aufnahme 2018)

Das Haus Nummer č. 4, dessen Architekt unbekannt ist, entstand im Jahre 1903. Auch hier bestimmen Pflanzenmotive das Dekor der Fassade. Unter dem Kranzgesims verläuft eine Girlande aus Lorbeerblättern. Die Gebäude rund um den Náměstí Svatopluka Čecha und in der unmittelbar angrenzenden Nádražní bieten ein exzellentes Beispiel für ein geschlossenes Stadtbild des Jugendstils. Dieses Idealbild eines zeittypischen Ensembles löst sich jedoch auf, sobald man um die Ecke in eine der Seitenstraßen biegt. Hier trifft man auf Ödnis: gesichtslose Häuser aus späterer Zeit wechseln sich ab mit Brachflächen, die als Abstellplätze oder ärmliche Kleinwerkstätten genutzt werden.

Die Industrialisierung vordem landwirtschaftlich geprägter Regionen löste jedoch nicht nur einen gewaltigen Bauboom aus, sondern führte auch zu bislang nicht gekannten gesellschaftlichen Konflikten. Diese immensen sozialen Umwälzungen in Ostrava an der Wende vom 19. zum 20. Jahrhundert hat der Schriftsteller Petr Bezruč (1867-1958) aufgegriffen und scharfzüngig und kritisch kommentiert, so etwa in dem Gedicht „Ostrava" („Ostrau").

„Ostrau

Ein stummes Jahrhundert im Schachte verlebt,
bei Kohle auf schwarzen Geleisen;
in hagerer Schulter der Muskel strebt
gestrafft und verhärtet zu Eisen.

Staubteile der Kohle behaften mein Lid,

die Lippen sind längst schon erblichen;
den Bart und das Haar und die Braue bezieht
die Kohle mit starrenden Strichen.

Kohlenstaub ess' ich mit meinem Brot,
und andere feiern Feste;
aus meinem Blut, aus meiner Not
baut man in Wien Paläste.

Ein stummes Jahrhundert im Schachte verbracht –
wer wird mir die Jahre entgelten?
Hab ich ihnen ernstlich bange gemacht,
begann mich wer immer zu schelten.

Ich soll doch vernünftig sein, schürfen gehn,
damit das Ergebnis uns lobe.
Den Hammer geschwungen! – Da konntet ihr sehn
in Polnisch Ostrau die Probe.

Ihr alle in Schlesien, hebt euch heran,
ob Peter, ob Paul ihr geheißen,
ein jeder befehlige tausend Mann,
die Brust bepanzert mit Eisen!

Ihr alle in Schlesien, seid auf der Hut,
ihr Herren, ihr grausamen, kalten:
einst hüllt sich die Stunde in Feuer und Glut,
einst kommen wir Abrechnung halten!"[28]

Petr Bezruč („ohne Hand") ist das Pseudonym für Vladimír Vašek, der am 15. September 1867 in Opava (Troppau, ca. 30 km nordöstlich von Ostrava) geboren. Schon während seiner Gymnasialzeit in Brünn machte Bezruč die Erfahrung, dass die mährisch-schlesische Kultur und Sprache in seiner Heimat, also dem Gebiet um Ostrava herum, allmählich verloren ging. Grund dafür war der Druck der deutschen, an anderen Stellen der polnischen Bevölkerung. Im Jahre 1885 geht Bezruč nach Prag und studiert dort Philosophie und Psychologie, u.a. auch bei Tomáš Garrigue Masaryk (1850-1937), der 1918 der erste Staatspräsident der unabhängig gewordenen Tschechoslowakei werden sollte. Nach drei Jahren unterbricht Bezruč sein Studium, wahrscheinlich aus materiellen Gründen, doch spielen auch persönliche Schwierigkeiten eine Rolle. Bezruč hatte sich immer mehr zurückgezogen und die Zeit mit Kartenspielen und Trinken verbracht. Er arbeitete zunächst als Schreiber bei der mährischen Landesregierung in Brünn, von 1891 an als Postassistent in Mistek, dem heutigen Frýdek-Místek direkt an der Grenze zwischen Mähren und Österreichisch-Schlesien. Hier wird er Zeuge der einschneidenden Umwälzungen infolge der raschen Industrialisierung des Gebiets. Diese hatte zu einer verstärkten Zuwanderung polnischer Arbeiter aus dem nahen Galizien geführt, das ebenfalls zur österreichisch-ungarischen Monarchie gehörte. Außerdem hatten die österreichischen Behörden versucht, die Vorherrschaft der deutschen Sprache zu stärken, beispielsweise an den Schulen. Dieser Verlust an kultureller Identität prägte entscheidend Bezručs späteres literarisches Werk. Bei seinen häufigen Ausflügen in die Beskiden wurde er Zeuge, wie die lokale bäuerlich geprägte Kultur schrittweise verschwand. Zeit seines Lebens nimmt er daher besonderen Anteil am Schicksal der Bewohner dieses Gebiets und der Landschaft, in der sie leben. 1893 wird Bezruč nach Brünn versetzt. Dort und in einem Sommerhaus in Ostravice (Ostrawitz) in den Beskiden etwa 35 km südlich von Ostrava lebte er bis zu seinem Tod 1958. Bereits 1889 hatte Bezruč eine erste Sammlung von Prosastücken veröffentlicht, die sich insbesondere durch eine genaue Beobachtung mit oft ironischem Unterton auszeichneten. 1899 entstand der Kern der Gedichtsammlung „Slezské písně" („Schlesische Lieder") in einer intensiven schöpferischen Periode, die wohl nicht zuletzt durch eine ernste Lungen- und Nervenkrankheit sowie eine unerfüllte Liebe ausgelöst wurde. Außerdem wollte Bezruč damit das Elend der Bergarbeiter im Revier um Ostrava und der Bauern in den Beskiden literarisch verarbeiten und so einer breiteren Öffentlichkeit bekannt machen. 1909 erschien erstmals eine Gesamtausgabe der „Schlesischen Lieder". Diese Gedicht-sammlung war das einzige Werk, das zu Bezručs Lebzeiten erschien. Während des Ersten Weltkriegs wurde Petr Bezruč in Wien inhaftiert, da ein in Paris lebender Tscheche regierungskritische Gedichte veröffentlicht und mit dem Kürzel „P.B." unterzeichnet hatte, was den Verdacht zunächst auf Petr Bezruč gelenkt hatte.[29]

Der deutschsprachige Schriftsteller Rudolf Fuchs (1890-1942) übersetzte Bezručs „Slezské písně" und brachte sie erstmals 1916 als „Schlesische Lieder" heraus. Fuchs, ein deutschsprachiger Schriftsteller in Prag und Mitglied der Kommunistischen Partei, wurde durch seine Übertragung der „Slezské písně" und anderer Werke aus dem Tschechischen bekannt. Später verfasste er eine ausführliche Einführung für den Gedichtband. Darin zeichnet er wichtige Stationen von Bezručs Leben nach. Er schreibt: „Bezruč ist ein Dichter von hohem, seltenem Rang."[30] Für Fuchs ist Petr Bezruč ein Verfechter der

Interessen verschiedener Gruppen der slawischen Bevölkerung im Gebiet der Beskiden, der Goralen und Lachen. Sie leiden unter der Herrschaft der Großgrundbesitzer wie des Erzherzogs Friedrich von Österreich (1856-1936), Spottname „Marquis Gero", und müssen erleben, wie die Schätze ihrer Heimat geplündert werden und im fernen Wien den kaum ermesslichen Wohlstand weniger Adliger schaffen. Dies zeigt Bezručs Gedicht „Ostrava" in besonders drastischer Form. Das Pseudonym sollte dabei die Veröffentlichung vor der Zensur schützen. In anderen Gedichten geht Bezruč noch weiter und verleiht der Angst der Bevölkerung Ausdruck, von deutschen Verwaltungsbeamten, polnischen Lehrern oder Priestern und jüdischen Händlern ihrer Heimat beraubt zu werden. In Fuchs' Worten: „Der Reichtum des Bodens gereichte ihnen [der einheimischen Bevölkerung, M.L.] zum Fluch."[31] Ganz und gar zeittypisch stellt Bezruč den sozialen Konflikt zwischen Grundeigentümern und Industriebaronen einerseits und Arbeitern und Bauern andererseits auch als Rivalität verschiedener Ethnien um die gerechte Verwertung der Schätze der Heimat dar. Vor dem Hintergrund der wunderbaren Naturschönheit der Gebirgswelt der Beskiden macht er die unsägliche Not der dort beheimateten Goralen und anderer westslawischer Minderheiten sichtbar, die mehr oder weniger wehrlos der Vorherrschaft des Industriekapitals gegenüberstehen. Den schlesischen Tschechen, als deren Sprecher sich Petr Bezruč verstand, gehörte von all dem riesigen Reichtum des Landes nichts. Die Geringschätzung der Menschen in Schlesien verdeutlicht ihre amtliche österreichische Bezeichnung „Wasserpolaken", „womit man zum Ausdruck bringen wollte, dass sie im Unterschied von den anderen Nationen der Monarchie keine eigene Geschichte, keine eigene Literatur, keine eigene Kultur und somit auch keine Daseinsberechtigung hatten", wie Fuchs weiter schreibt.[32]

Abbildung 13: Petr Bezruč
(Porträt im Bezruč-Haus
in Opava, ohne
Jahresangabe)

Beispielhaft für die Darstellung der sozialen Not ist auch ein anderes Gedicht aus den „Schlesischen Liedern" mit dem Titel „Maryčka Magdónová". In der Übersetzung von Rudolf Fuchs lautet es:

„Maritschka Magdonova

Ging Vater Magdon von Ostrau nach Hause,
in Bartelsdorf [Bartovice, Stadtteil Ostravas] hatte er Streit in der Schenke,

mit klaffendem Schädel empfing ihn die Nacht.
Es weinte Maritschka Magdonova.

Ein Wagen voll Kohle brach auf dem Geleise.
Die Witwe des Magdon verhauchte darunter.
Es schluchzen in Hammer [Staré Hamry, gut 40 km südlich von
Ostrava, M.L.] verlassen fünf Waisen,
die älteste Maritschka Magdonova.

Wer soll sie beschützen, wer soll sie ernähren?
Vater willst du sein und Mutter du ihnen?
Glaubst du, wer Gruben hat, der hab' ein Herz auch
deinem gleich, Maritschka Magdonova?!

Unendlich dehnt sich der Wald Marquis Géros.
Sein Reich ist die Kohle, die Grabwelt der Eltern.
Da darf doch die Waise sich Holz in die Schürze --
was sprichst du, Maritschka Magdonova?

Es friert, Maritschka; nichts gibt es zu essen ...
Es tragen die Berge die Fülle des Holzes ...
Soll Vorsteher Marchfelder, der dich betreten,
Mund halten, Maritschka Magdonova?

Welch einen Bräutigam hast du gefunden?
Den Helm bebuscht und die Schulter gewaffnet,
die Miene starr, und du folgst ihm nach Friedek [Frydek, ca. 18
km südlich von Ostrava, M.L.],
folgst du ihm, Maritschka Magdonova?

Bist eine Braut du und gehst so beklommen,
bittere, feurige Tropfen benetzen
heiß deine Wangen und rieseln ins Schnupftuch,
was ist dir, Maritschka Magdonova?

Friedeker Großbürger, Damen aus Friedek
werden dich höhnen, es wird dich erblicken
Marchfelder drinnen, der Jude, am Fenster.
Wie ist dir, Maritschka Magdonova?

In eiskalter Hütte die Vögelchen blieben,
wer soll sie beschützen, wer wird sie ernähren?
Der reiche gewiss nicht. Was sang dir im Herzen
unterwegs, Maritschka Magdonova?

Steil sind am Rande die zerklüfteten Felsen,
wo gegen Friedek schäumend sich wendet
die wilde, die brausende Ostrawitza.
Hörst du, verstehst du sie, Kind des Gebirges?

Ein Sprung ... halt! nach links, vorüber, vorüber.
Es hatten im Fels sich die Haare verfangen,
die weißen Hände mit Blut übergossen.
Gehab dich wohl, Maritschka Magdonova!

Zu Hammer am Friedhof, hart an der Mauer,
schmucklos, verwildert, wellen sich Gräber.
Hier ruhn, die verzweifelnd Hand an sich legten.

Hier schlummert Maritschka Magdonova. [33]

Das Gedicht liest sich wie eine einzige Anklage gegen bedrückende Armut die ganzer Familien in Mährisch-Schlesien im 19. Jahrhundert. Maryčka Magdónová wird zur Waise und nimmt sich in auswegloser Notlage Holz aus den Wäldern des Marquis Gero, also Erzherzog Friedrichs. Sie wird dabei erwischt und stürzt sich aus Angst vor der Schande in den Fluss Ostravice stürzt. Als Selbstmöderin findet sie ihre letzte Ruhe am Rande des Friedhofs. Formale Qualitäten wie die rhetorischen Fragen, die prägnanten Kontraste oder die bildhafte Sprache, aber auch die inhaltliche Aussage beeindruckten zutiefst Bezručs Zeitgenossen. Der mährische Komponist Leoš Janáček (1854-1928), der aus Hukvaldy, ca. 25 km südlich von Ostrava stammte, vertonte 1906 / 07 das Gedicht für einen Männerchor. Damit trieb er das wachsende nationale Bewusstsein der slawischen Bevölkerung entscheidend voran.[34] Eine moderne Tonfassung von „Maryčka Magdónová" schuf 1983 der 1953 in Ostrava geborene Liedermacher Jaromír Nohavica. Sie kann man auf Youtube hören.[35] Wie wichtig das Gedichts für das Nationalbewusstsein der Tschechoslowakei war, zeigt sich auch an der 1933 enthüllten Steinplastik an der Außenwand des Friedhofs von Staré Hamry, die der aus Ostrava stammende Bildhauer Augustin Handzel (1886-1952) schuf. Unter einer Figur der Maryčka Magdónová steht ein Vers aus dem Gedicht. Die Gegend heißt bis heute im Volksmund „Bezručův kraj", d.h. Bezručs Land. In seinem Geburtshaus in Opava wurde 1956 eine Gedenkstätte eingerichtet, die sein Leben und Wirken nachzeichnet. Dies zeigt die große Bedeutung, die Petr Bezruč noch heute für das kulturelle Bewusstsein in Mährisch-Schlesien hat. Zu seinen Lebzeiten allerdings haderte Petr Bezruč mit der öffentlichen Anerkennung, hatte doch die neu entstandene Tschechoslowakische Republik einen Teil dieses Gebiets an Polen abgetreten. Diese Entscheidung empfand er als Verlust seiner Heimat, die ihn zutiefst verbitterte.[36]

Zwei Aspekte in Bezručs Leben hebt Rudolf Fuchs besonders hervor: Seine, wie er es ausdrückt, „schele Beziehung" zur Sowjetunion und seinen Antisemitismus. Bezruč befürchtete, dass die sozialistische Revolution die Bindung an eine Nation aufheben könnte und damit auch die Heimatliebe verloren gehen würde. Die Folge wäre dann Entwurzelung, ein Zustand, der Bezruč schaudern lässt.[37] Einseitig ist aber auch seine Haltung gegenüber den Juden. Er sieht sie als raffgierige Kohlenbarone (wie Rothschild und Guttmann) und macht sie verantwortlich für den hohen Alkoholkonsum in Mährisch-Schlesien. Fuchs schreibt dazu: „So wird in Bezručs Vorstellungswelt der Jude damit beladen, dass die Leute ihre sauer erworbenen Groschen in die Butike tragen, dass sie durch Schnapsschulden auch politisch unfrei werden, da sie sich dabei körperlich und geistig zugrunde richten. [...] Für Petr Bezruč, der sein Land und nur sein Land sieht, ist der Jude derjenige, der Geld hat und wenn er es besitzt, das Land gern auch wieder verlässt."[38] Bezruč zeigt hier eine klar antisemitische Haltung, die die Juden für die Not und die Entfremdung des einfachen Volkes verantwortlich macht und ihnen zudem bedenkenlos die Schuld für den verbreiteten Alkoholismus zuschiebt.

In Ostrava lässt sich heute noch nachempfinden, wie hart und beklemmend die Arbeit unter Tage war. Dazu muss man lediglich die Grube Anselm im Bergbaumuseum Landek besuchen, wo man mit dem Fahrstuhl in die Tiefe fahren und sich dann durch die engen

Schächte zwängen kann. Der Tod war hier stets präsent. Die Vielzahl an Bergbaurettungsgeräten, die in der Grube Anselm ausgestellt werden, wirkt da nur als ein hilfloser Versuch, der Gefahr zu entgehen. Ihre Funktion kann nur eine apotropäische sein, wenn man bedenkt, wie umfassend die Wirkung einer Grubengasexplosion in großer Tiefe ist und wie weit der Weg an die rettende Oberfläche. Bei einer Führung durch die Grube Michál sieht man auch das Arztzimmer. Falls ein verletzter Bergmann an die Oberfläche gebracht werden konnte, wurde er hier in einem extra dafür eingerichteten Badezimmer ausgezogen und gewaschen. Danach brachte man ihn ins Krankenhaus. Für den Todesfall lag über der Badewanne auch ein Lattenrost, auf dem der Leichnam aufgebahrt werden konnte. Aus diesem Grund verzichtete man hier auch auf Heizung und Fenster. Das Arztzimmer diente so auch als Leichenhaus, der Tote sollte kühl und ohne Einblick von außen liegen.

Sowohl in der Sammlung der Rettungsgeräte als auch im Arztzimmer wird dem Besucher noch heute die Gefährlichkeit des Bergarbeiterlebens deutlich. Zudem erhält man einen unmittelbaren Eindruck von der Arbeit der Bergleute, eine Technik, die in Europa gerade mehr oder weniger im Verschwinden begriffen ist. In den Gruben Anselm oder Michál kann dies wenn nicht als Ganzes, jedoch in wesentlichen Arbeitsvorgängen nachvollzogen werden. So sind diese Orte nicht nur Erinnerungsorte, sondern bewahren eine für die Entwicklung des heutigen Europa prägende Praxis über die Gegenwart hinaus.

Abbildung 14: Arztzimmer Grube Michál (Aufnahme 2016)

Sichtbar bleiben wird der Bergbau auch im unregelmäßige Stadtplan. Die Straße nach Michálkovice (Michálkovická) etwa mäandert gleichsam ohne Anfang, ohne Ziel durch die Siedlungslandschaft, endlos an immer gleich aussehenden Vorstadthäuschen vorbei führend. Sie ist anscheinend nicht als kurze und praktikable Verbindung zwischen zwei Orten gedacht. Im Gegenteil, es handelt sich um einen zufällig angelegten Verkehrsweg, dessen Verlauf schon vor 100 Jahren durch die rasche Erschließung immer neuer Gruben bestimmt wurde, nicht durch das nüchterne Kalkül eines vorausschauenden Stadtplaners. Dauerhafte Spuren hat der Bergbau auch auf dem Zentralfriedhof in Slezská Ostrava hinterlassen. Aus den Jahren 1894 bis 1936 stammen die Sammelgräber von Bergleuten, die im Schacht ums Leben gekommen sind. Kaum mehr vorstellbar ist dies in einer Zeit, in der wir überwiegend an sicheren und sauberen

Arbeitsplätzen beschäftigt sind und Unfälle, wenn überhaupt, auf dem Weg passieren.

Abbildung 15: Sammelgrab für Bergarbeiter in Ostrava (Aufnahme 2018)

Die meisten Gruben im Revier von Ostrau sind heute stillgelegt. Von manchen stehen noch die Fördertürme als einsames Relikt. Wenn die Straßenbahn an der Haltestelle Grube Zarubek (Důl Zárubek) hält, glaubt man, inmitten der Natur zu sein. Überall sattes Grün, ein Urwald aus Birken und anderen Gehölzen, die doch nur die alte Werksanlage unsichtbar gemacht haben. Einige Steinkohlegruben im Gebiet von Ostrau arbeiten allerdings noch, heute betrieben von der Gesellschaft OKD (Ostravsko-karvinské doly), die nach der Insolvenz 2018 wieder vom tschechischen Staat übernommen wurde. Sie befinden sich östlich des Stadtgebiets von Ostrava in Richtung Karviná sowie südlich von Ostrava. In bis zu 1176 m Tiefe wird Kohle abgebaut, die dann zu Koks verarbeitet wird, der zur Stahlerzeugung sowie der Energiegewinnung dient. Zu den Kunden gehören beispielsweise auch die Stadtwerke München. Insgesamt etwa 10.000 Menschen arbeiten heute für die OKD. Obwohl die Gruben technisch stets auf dem neuesten Stand gehalten werden, kommt es immer wieder zu Unfällen. So etwa im Dezember 2015, als drei Bergleute bei einer Methangasexplosion ums Leben kamen. Im Dezember 2018 starben erneut 13 Kumpel. Dennoch, die Arbeitsplätze vor Ort sind durch ihre gute Bezahlung und vielfältige Sozialleistungen attraktiv, gerade auch deshalb, weil die Arbeitslosigkeit in und um Ostrava deutlich höher liegt als im tschechischen Durchschnitt. Viele sind dafür auch heute noch bereit, unter härtesten Bedingungen, bei Temperaturen von 45° und 90% Luftfeuchtigkeit zu arbeiten.[39] Das war früher auch schon so, als der Verdienst eines Bergmanns ausreichte, um die ganze Familie zu ernähren – ohne dass die Frau mitarbeiten musste.

Aufbruch in die Moderne

Im Jahre 1918 endete der Erste Weltkrieg. Aus dem untergegangenen österreichisch-ungarischen Kaiserreich ging u.a. die Tschechoslowakei als selbstständiger Staat hervor. Entscheidungen wurden jetzt nicht mehr in Wien gefällt, sondern in Prag, der Hauptstadt der am 28. Oktober dieses Jahres neu gegründeten Tschechoslowakei. Es begann ein Aufbruch, der in allen Bereichen des öffentlichen Lebens zu spüren war und bis heute im Bewusstsein der Bevölkerung in Tschechien präsent ist. So gibt es in jeder größeren Stadt eine Straße des 28. Oktobers, die an dieses Ereignis erinnert. In der unabhängig gewordenen Tschechoslowakei nahmen Wirtschaft und Kultur einen gewaltigen Aufschwung. Ostrava kam dabei durch Kohle und Schwerindustrie eine besondere Bedeutung zu, es war eines der wirtschaftlichen Zentren und der Garant für den Wohlstand des ganzen Landes. Die wirtschaftliche Lage der Tschechoslowakei unterschied sich ganz erheblich von der in den Nachbarstaaten Deutschland und Österreich, wo die Auswirkungen des Krieges noch lange zu spüren waren. Während vor dem Krieg die Gewinne der Stahlkonzerne und Bergbaugesellschaften nach Wien abflossen, blieb das Geld jetzt in der Tschechoslowakei. In der Folge entstanden nicht nur in Prag, sondern auch in Ostrava repräsentative Bankgebäude. Der Aufstieg Ostravas zur Metropole und drittgrößten Stadt wurde auch durch eine Verwaltungsreform begünstigt, bei der Moravská Ostrava, Marianské Hory, Vítkovice, Přívoz und andere Kommunen in der Region zu einer Verwaltungsregion Groß-Ostrava zusammengeschlossen wurden. Die Fläche der Stadt verfünffachte sich dadurch, die Einwohnerzahl stieg auf 113.000 Menschen. Auswirkungen hatte dies auch auf die Bevölkerungsstruktur, denn die

Deutschen waren fortan nicht mehr die herrschende Schicht, sondern eine abhängige Minderheit.[40] Der wirtschaftliche Wohlstand förderte die Entfaltung einer autonomen Kultur, deren Träger sich mehr oder weniger stark der tschechoslowakischen Nation verpflichtet fühlten. Inspiration erhielten sie durch die verschiedenen künstlerischen Strömungen, die sich in ganz Europa nach dem ersten Weltkrieg verbreiteten. Nicht zuletzt begünstigt durch die wirtschaftliche Dynamik wurde die Stadt ein Schmelztiegel neuer Stilrichtungen. Nationalstil, Expressionismus, Kubismus und später Purismus, Funktionalismus und Neue Sachlichkeit hinterließen repräsentative Beispiele ihrer Architektur. Zugleich wurde die Architektur internationaler, da die Stadt Architekten aus Prag, Brünn, Wien und Berlin anzog, zugleich aber auch zahlreiche einheimische Architekten ihre Ausbildung außerhalb der Tschechoslowakei beendeten.[41]

Ostravas spezielles Gepräge war die „herbe Symbiose" aus Industrie und menschlichen Behausungen, stellt der Architekturhistoriker Jindřich Vybíral fest. „Heißt Prag die Stadt der hundert Türme, muss Ostrava die Stadt der hundert Schlote heißen. Es bietet keinen schönen Anblick, doch birgt es in sich etwas Geheimnisvolles, Gewaltiges."[42] Und weiter schreibt er: „Die Lebensbedingungen in der Stadt waren aber dank Staub, Qualm und dem unentrinnbaren Bewusstsein der ununter-brochen ablaufenden Produktionsprozesse recht unbefriedigend und wurden zum Gegenstand ewiger Beschwerden und Klagen: ,Im Hinblick auf Hygiene ist Mährisch-Ostrau ein geradezu abschreckendes Beispiel, die Fabrikschornsteine schütten manchmal ihren schwarzen Ruß direkt wie der Winter im Januar seine weißen Schneeflocken über die Stadt', lautete einer der zahllosen Beschwerden" der Zeitung Ostrava Deník. Obwohl eine

Regulierungskommission Überlegungen anstellte, wie Zechen und Industriebetrieben aus der Innenstadt verbannt werden könnten, wurde weiter gebaut: „In unmittelbarer Nachbarschaft des Theaters und des neuen Geschäftszentrums wuchsen nach einem Plan von 1924 die 75 neuen Öfen der Kokerei Karolina in die Höhe. Ein bedrückendes Moment bildeten auch die Taubgesteinhalden, die der Stadt eine ebenso unvermeidliche Kulisse verliehen wie Fördertürme und Fabrikschornsteine."[43]

Abbildung 16: Theater und Geschäftshaus Brouk a Babka, dahinter Kokerei Karolina (Postkarte aus den 1930er / 1940er Jahre)

Eines der Merkmale der zeitgenössischen Architektur des Funktionalismus bestand darin, dass sie auf dekorative Elemente verzichtete und sich so vom Formenreichtum früherer Epochen abgrenzte. Damit war der Funktionalismus wie geschaffen, um dem Gefühl des Aufbruchs Ausdruck zu verleihen, das in der Tschechoslowakei nach der Unabhängigkeit herrschte. Zugleich konnten die Architekten auf neue Materialien wie Beton, Stahl oder Glas zurückgreifen und so ihre Gestaltungsmöglichkeiten erweitern. Durch Stahlskelettkonstuktionen etwa konnten die Gebäude höher gebaut werden und sich so stärker von den vorhandenen Bauten abheben. Weiße Fassaden, Flachdächer, Fensterbänder, markante Ecken mit Balkonen oder raumhohen Fenstern verstärkten diesen Eindruck. Die Gebäude bestanden oft aus mehreren, kubisch gestalteten Teilen. Auch die Wohngebäude wandelten sich. Der Blick ins Grüne und eine gleichmäßige Versorgung mit Luft und Licht waren jetzt vorherrschende Planungsgrundsätze. Große Wohnzimmer, in denen sich die ganze Familie versammeln kann und kleine Küchen mit getrennten Esszimmern spiegelten auch das Bedürfnis nach mehr Gleichstellung von Mann und Frau wider. Dazu trugen auch erste Schritte zu einer Rationalisierung der Hausarbeit bei. Der grenzenlose Optimismus der 20er Jahre zeigte sich besonders hier, in der Tschechoslowakei, wo politische und kulturelle Unabhängigkeit die Entstehung eines neuen Lebensstils besonders unterstützte. In den 20er Jahren alles neu zu machen, das gab es sonst in Europa nirgends. Sichtbar wird dies durch den Entwurf des Prager Urbanisten Vladimír Zákrejs, der 1927 / 28 einen grundlegenden Stadtbebauungsplan erstellte. Dieser sah auch gestalterische Lösungen vor, z.B. neue Straßenüberführungen und Brücken, Parks und Denkmäler sowie funktionstüchtige Infrastruktur-einrichtungen wie einen neuen Bahnhof und die Bebauung der Grundstücke, die nach der Schließung verschiedener Schachtanlagen zur Verfügung standen. Die Ostrauer Bevölkerung reagierte begeistert, wie ein Zeitungsausschnitt zeigt, „denn der Futurismus beherrschte damals ihren Sinn und voll freudiger Erwartung stellten sie sich die reiche und glückliche Zukunft ihrer Stadt vor: ‚Die Gebäude werden zu Wolkenkratzern, über denen

Flugzeuge dröhnen, die auf dem unweit der Stadt gelegenen Flughafen starten und landen. Über den Straßen winden sich Schwebebahnen mit dahinsausenden Zügen, unter dem Straßenpflaster schießen blitzschnell U-Bahnzüge dahin, über den glatten, glänzenden Asphalt rasen die schnittigen, prachtvollen Autos der neuen Millionäre, Industrie-, Geschäfts- und Finanzmagnaten, die Arbeiterkolonien sowie die Stadt der Beamten und Angestellten verwandeln sich in Gartenviertel'."[44] Nachhaltig beeindruckt von Ostravas Moderne zeigten sich auch verschiedene zeitgenössische Künstler, darunter Oskar Kokoschka (1886-1980), der nach seiner Flucht in die Tschechoslowakei 1937 das Gemälde „Moravská Ostrava II" malte.

Abbildung 17: Oskar Kokoschka (1886-1980): „Moravská Ostrava II" (1937, 80,5 x 120,0 cm, Öl auf Leinwand, Galerie výtvarného umění v Ostravě)

Josef Gočár (1880-1945) hatte sich bereits in Prag einen Namen als Architekt gemacht, ehe er in Ostrava mit dem Bau der dortigen

Zweigstelle der Anglo-Tschechoslowakischen Bank (1923-24) betraut wurde.

Abbildung 18: Anglo-československa banka (Postkarte, 1950er Jahre)

Er hatte schon vor dem Ersten Weltkrieg das „Dům U Černé Matky Boží" (Haus zur Schwarzen Muttergottes) in Prag erbaut, eines der Hauptwerke der tschechischen Variante des Kubismus. In Ostrava jedoch deuteten lediglich die konvex vorgewölbten Fenster die für die kubistische Architektur typische Kristallform an. Gočár schuf einen massiven Baukörper, dessen Front er durch wuchtige Pfeiler mit robusten Kapitellen rhythmisierte und so neoklassizistische Formen variierte (Nádražní č. 3).[45]

Eine andere „Kathedrale des Geldes" schuf Kamil Hilbert (1869-1933) mit der „Živnostenská banka" (1922-24). Er hatte in Wien an der Akademie der bildenden Künste studiert und sich einen Namen bei der Vollendung des Prager Veitsdoms gemacht. „Das Tragwerk des gigantischen Palasts von über 25.000 m³ umbauten Raums bestand aus einem Stahlbetonskelett und Backstein-Außenmauerwerk [...]. Dieses technisch anspruchsvolle Werk war in ein recht einfallsloses Stilgewand gehüllt. Hilbert wollte dem Bankpalast die Merkmale von Wertschätzung und Würde aufdrücken, ohne sich allzu sehr mit den konventionellen Verfahren des bereits verworfenen Historismus einzulassen." Also „klebte" er einfach einen monumentalen antiken Portikus vor einen „Barockkasten".[46] Die Bankgebäude sollten auch architektonisch verdeutlichen, dass man sich nicht mehr an Wien, sondern an tschechischen Vorbildern orientierte. Ostrava sollte eine tschechische Stadt sein, nicht mehr ein Ort in der Wiener Peripherie (Nádražní č. 12).[47] Zugleich waren sie ein Beitrag zur Verwandlung der Nádražní (Bahnhofstraße) in einen repräsentativen Großstadtboulevard mit einen Geschäfts- und Finanzzentrum an zentraler Stelle.[48]

Abbildung 19: Živnostenská banka (hinten) (Postkarte aus den 1920er / 1930er Jahren)

Das Gebäude wirkt an dieser Stelle merkwürdig überdimensioniert, es passt sich nicht in die bestehende Straßenflucht ein. So verdeutlicht der Entwurf, wie sehr man in dieser Zeit in Ostrava repräsentative Größe erreichen wollte.

Abgerundet wurde das Ensemble von imposanten Gebäuden am Südende der Nádražní durch die Union-Bank. Der Architekt Arnošt Korner (1888-1966, manchmal auch Ernst Körner) baute 1921-22 eine Privatvilla zu einem eindrucksvollen Bauwerk „im Geist eines pompösen Neoklassizismus" um, dessen Ausdruck er „durch einen Säulenportikus mit figuralem Bildhauerschmuck" (so Vybíral) unterstrich (Nádražní č. 10). Arnošt Korner studierte in Wien, der Einfluss dieser Schule ist in seinen Werken klar sichtbar. Korner, der zu den bedeutendsten Architekten Ostravas der Zwischenkriegszeit zählt, emigrierte später über Großbritannien nach Australien.[49] Schräg gegenüber der Union-Bank, an der Ecke Nádražní – 28. října errichtete er 1924-30 an der Stelle des früheren Lokalbahnhofs den Komplex eines Wohn- und Geschäftshauses für J. Nesselroth, die sog. Passagenhäuser. „Durch die Gebäude werden sich breite, hohe Passagen mit Glasdächern und -kuppeln ziehen, Geschäfte und Lokale, die abends im Lichterglanz strahlen. So wie in anderen Großstädten die Passagen Mittelpunkt des städtischen Lebens sind, wird es sicherlich auch in Ostrau sein."[50] Unverzichtbar für eine Großstadt waren auch Hotels. Wiederum Arnošt Korner erneuerte 1929-30 das zentral gelegene Großhotel Palace / National, das ursprünglich von Wunibald Deininger erbaut und 1913 eröffnet worden war. In ihrem Keller befand sich die legendäre Boccaccio-Bar, die Ostrava für den Schriftsteller Joseph Wechsberg (1907-83) in den 1930er Jahren als amerikanische Stadt erscheinen ließ.

Abbildung 20: Hotel Palace mit Boccaccio-Bar (Postkarte aus den 1930er oder 1940er Jahren)

Man konnte hier echt amerikanische Erfindungen wie Dry Martini, Tom Collins oder Manhattan bestellen, die aber keiner der Gäste ordentlich aussprechen konnte. Alles was schnell, neu und voller Leben war, galt als amerikanisch: die neuen Warenhäuser, die neuen O-Busse, die modernen Gebäude, die Ganoven.[51] Auch der Schriftsteller Ota Filip (1930-2018) kannte die Bar, für ihn war es die erste Bar seines Lebens, die er allerdings erst später, 1944, besuchte.

In der Bürgerschaft gab es aber auch Stimmen, die nicht nur Bankpaläste als Symbole von Ostravas Metropolcharakter ansahen. Vielmehr verlangten sie nach einem repräsentativen Ausstellungsraum für bildende Kunst. Die Stadt veranstaltete einen Wettbewerb, aus dem die Prager Architekten František Fiala (1895-1957) und Vladimír Wallenfels (1895-1962) als Sieger hervorgingen und 1924-1926 ihren Entwurf realisierten. „Das schon bald Haus der

Kunst (Dům umění) genannte Gebäude verblüffte bei seiner Eröffnung durch einen ungewohnten, durch und durch originellen Stil, schlichte architektonische Gestaltung und praktische Laternenbeleuchtung, was ihm dem Ruf des modernsten Bauwerks im Kreis eintrug. Die Architekten haben den Betrieb von mehreren selbständigen Ausstellungssälen und Verwaltung auf einem kreuzförmigen Grundriss untergebracht, dessen drei Flügel im Hinblick auf die breiteren Raumbeziehungen des Baus unterschiedlich dimensioniert waren. Das System der Deckenleuchten wählten sie nicht nur wegen der Vorzüge des von oben kommenden Lichts, sondern auch, um Staub- und Rußablagerungen auf waagrechten Glasflächen zu verhindern. Und schließlich wollten die Projektanten mit dem Backstein-Sichtmauerwerk, das in großen Flächen so effektvoll mit dem Glas und Eisen der Laternen kontrastierte, ihr Werk der Bauweise im Ostrauer Revier annähern."[52]

Abbildung 21: Dům umění (Postkarte aus den 1930er Jahren)

In den späten 20er Jahren setzte sich der Funktionalismus auch in Ostrava durch, es entstanden zukunftsweisende Kaufhausbauten, die nicht nur formal neue Wege aufzeigten, sondern zugleich auch die gewachsene Kaufkraft der Stadt symbolisierten. Mit dem Kaufhaus Rix löste sich Arnošt Korner von traditionellen Architekturvorstellungen und schuf einen fast schwebend wirkenden Baukörper mit Skelett-Tragwerk aus Eisenstützen nach dem Vorbild der deutschen Neuen Sachlichkeit. Korner setzte auf vier Geschäftsetagen mit hohen Fensterbändern „zwei pyramidenartig zurückspringende Stockwerke für Büroräume und Wohnungen". Vybíral zählt das Aufsehen erregende Bauwerk zu den ersten Äußerungen des internationalen Stils in Ostrava. Die kühne Moderne des Warenhauses zeigt sich schon auf den ersten Blick und setzt einen markanten Punkt im Stadtraum, in dem es sich gleichsam schwerelos zur Straße hin öffnet.

Abbildung 22: Kaufhaus Rix (Postkarte aus den 1930er Jahren)

Bedauerlicherweise wurde das Warenhaus 1944 bei einem Bombenangriff zerstört und nicht wiederaufgebaut.[53] Ota Filip erinnert sich an den Besitzer Nathan Rix, der zwei Tage vor der Arisierung seiner Mutter, die für das Kaufhaus gearbeitet hatte, eine Samthose und ein Wolljackett für ihn schenkte.[54]

Ein anderer Leuchtturm der Moderne ist das von Karel Kotas 1928 errichtete Kaufhaus Brouk & Babka. Vybíral schreibt dazu: „Die Form dieses fünfstöckigen Gebäudes war teilweise durch die Rücksicht auf das benachbarte Stadttheater, die Parameter des Stahlbetontragwerks und der Auflage von Tageslichtführung in die Verkaufsräume mittels eines großen, durch alle fünf Stockwerke führenden Lichtschachts vorgegeben. Funktionalistische Fassaden aus Fensterbändern und reklametragende Fensterbrüstungen kamen damals schon in breitem Umfang als obligate Attribute dieser Geschäftskathedralen auf. [...] Das Äußere [...] stellt ein massives Raster dar, das nur von schmalen Fensteröffnungen durchbrochen wird. Die Gründe, die ihn dazu führten, waren sehr rational. Wie Zeitkommentaren entnommen werden kann, dienten die hohen Fensterbrüstungen Kotas' zur Anbringung von Warenregalen. Für Natur- oder Kunststein entschloss sich Kotas im Hinblick auf die Schadwirkungen seitens der Ostrauer Atmosphäre."[55] Der 1894 geborene Karel Kotas studierte 1917-1918 an der Wiener Akademie bei Leopold Bauer, der später in Opava das Kaufhaus Breda Weinstein errichten sollte, danach von 1919-21 an der Akademie der bildenden Kunst in Prag bei Jan Kotěra.

Abbildung 23: Kaufhaus Brouk a Babka (Aufnahme 2015)

Danach plante er u.a. 1923-24 Einfamilienhäuser in Brünn-Maloměřice, gemeinsam mit Bohuslav Fuchs, der in Brünn zahlreiche herausragende Bauten des Funktionalismus entworfen hat. 1925 geht er nach Ostrava, wo er zahlreiche Bauten realisierte. 1973 stirbt er in Prag. Kotas hat während seiner Zeit in Ostrava einen gestalterisch kultivierten Funktionalismus entwickelt, „dessen tragende Ausdrucksmittel neben einer lebhafteren Komposition auch eine reichhaltige Farbigkeit und Oberflächengestaltung waren.

In diesem Sinne hat Kotas den großen Wohnblock der Arbeiter-Sparkasse in der Veleslavínova und Husova aus den Jahren 1930 und 1931 mittels Treppenhaustürmen gegliedert und das Kolorit des graugrünen Edelputzes mit Kunststein und roten Fliesen bereichert."[56]

Abbildung 24: Wohngebäude
Veleslavínova (Aufnahme 2018)

Der international renommierte Kaufhausarchitekt Erich Mendelsohn
(1887-1953), der an den Technischen Hochschulen in Berlin und
München studiert hatte, trug mit seinem Entwurf des Kaufhauses
Bachner (1933) entscheidend zu Ostravas Ruf als Brennpunkt der
internationalen Architektur der 1920er und 30er Jahre bei, selbst
wenn der Architekturhistoriker Vybíral der Auffassung ist, dass
Mendelsohns spätes Werk „nur noch wenig mit der plastischen
Materialgestaltung aus Mendelsohns Anfängen zu tun" habe.

Abbildung 25: Kaufhaus Bachner, links die zeitgenössische Ansicht aus den 1930er Jahren (http://bachner.cz/od-bachner/bachner-celek/ (gesehen am 16.08.2018), rechts der Zustand im Jahre 2015

Vybíral schreibt weiter: „Das Übergewicht waagrechter Linien in der Fassade mit niedrigen Fensterbändern gliedert den Bau in die Straßenflucht ein, denn gerade die Dynamik des Verkehrs drückte laut Ansicht des berühmten Berliner Architekten am besten das Großstadtleben aus und war eine der wichtigsten Voraussetzungen für die Entstehung einer angemessenen Architekturform."[57] Auch im Inneren gelang es Mendelsohn durch eine äußerst reduzierte Architektur dem Zeitgeschmack entsprechend die Warenpräsentation in den Vordergrund zu stellen.

Außergewöhnliche Beispiele moderner Architektur finden sich auch unter den in der Zwischenkriegszeit entstandenen Villen. Insbesondere die Zwillingsbrüder Čestmír und Lubomír Šlapeta treten hier mit mehreren Entwürfen hervor. Geboren 1908 in Místek studierten beide Architektur in Brünn, später in Breslau und Berlin, dort bei Hans Scharoun. Nach einer Studienreise nach Frankreich und in die USA 1930-31 machten sie sich in Prag als Architekten selbständig und unterhielten eine Zweigstelle in Ostrava. 1936 trennten sie sich. Lubomír Šlapeta arbeitete später noch einmal bei Hans Scharoun in West-Berlin, er starb 1983 in Olomouc. Čestmír blieb nach einem Praktikum in Stuttgart 1967 in Deutschland und arbeitete als selbständiger Architekt in Gauting bei München, dort starb er 1999. Bemerkenswert an der Villa Liska (Čedičova č. 8), die Čestmír und Lubomír Šlapeta in den Jahren 1935-36 realisierten, ist die gerundete Fassade mit dem großen Fenster im oberen Teil. Das Haus, Beispiel für einen organischen Funktionalismus, erstreckt sich über zwei Stockwerke und fügt sich in einen Landschaftgarten ein. Inspiriert wurden die Architekten von der Villa Baensch in Berlin, die ihr Lehrer Hans Scharoun 1935 entworfen hat. Ein Modell der Villa ist im Stadtmuseum am Masarykovo náměstí zu sehen.

Abbildung 26: Villa Liska (Modell im Städtischen Museum, Aufnahme 2015)

Oberhalb der Villa Liska steht das von Lubomír Šlapeta 1936 entworfene Haus Hrstka (Čedičova č. 14). Typisch für Šlapeta ist das große Fenster, das den Blick auf die Terrasse und den Garten öffnet. Im Inneren des Hauses stellt der gefliese Kamin ein rustikales Element dar. Das Haus ist ein Beispiel für ein erschwingliches und minimalistisches Familienheim im funktionalistischen Stil.[58]

In der Zeit zwischen den Weltkriegen bestand weiterhin Bedarf an Wohnungen. Eine interessante Lösung für diesen Mangel bietet die Jubilejní Kolonie in Hrabůvka südlich des zentralen Stadtgebiets. Der Name „Jubiläumskolonie" leitet sich ab vom 100jährigen Jubiläum der Eisenwerke in Vítkovice, für deren Verwaltungsbeschäftigte ein Ensemble aus Wohngebäuden errichtet wurde. Für die Planung in der Mitte der 20er Jahre war zunächst Arnošt Korner verantwortlich, der Bau zog sich jedoch bis 1948 hin. Dadurch wirkten auch andere Architekten mit, etwa Vladimír Krajíček. Außerdem fanden Elemente des deutschen „Heimatstils" Eingang in die Gestaltung, wie Martin Strakoš feststellt.

Abbildung 27: Jubilejní Kolonie (Aufnahme 2018)

Bemerkenswert an der Anlage ist die reiche Ausstattung mit expressionistischen Risaliten Dachgiebeln und Portalen sowie Erkerfenstern verschiedenster Größen.[59]

Ein Spaziergang durch Ostrava ist, als würde man die ganze Baugeschichte zwischen den Weltkriegen in einer einzigen Stadt sehen. Die genannten Beispiele zeigen, in welcher Zahl und in welch hoher Qualität Gebäude in dieser Zeit errichtet wurden. Doch kommt diese Bautätigkeit abrupt durch die deutsche Besatzung 1939 zu Ende. Viele Architekten verschwinden, werden ermordet oder emigrieren.[60] Die Gebäude aus der Zeit der ersten tschechoslowakischen Republik, diese „kühnen Visionen einer Großstadtarchitektur" wie sie der Architekturhistoriker Jindřich Vybíral nennt[61], stehen heute vielfach wie leere Hüllen da, leblos und seltsam aus der Zeit gedrängt. Zweifellos ist es ein Glücksfall, dass so viele Bauten aus dieser Epoche noch da sind, doch oft genug nur als Torsi, bar jeder Funktion, langsam vor sich hin verfallend. Sie scheinen zu schlafen, doch wann und wie sie wieder aufwachen, ist unbekannt. Ein besonders extremes Beispiel dafür ist das Kaufhaus Textilia (28. října č. 56), 1928-1928 von der Berliner Architektin Marie Frommer (1890-1976, 1936 nach London, 1940 nach New York emigriert) entworfen. Dieser Stahlskelettbau mit dekorativen Formen innen und außen und einem markanten Treppenhaus mit einem Lichthof in der Mitte muss heute mit Netzen vor dem Zerfall geschützt werden. Die weitere Zukunft des Baus in der Mitte Ostravas ist offen. Wünschenswert wäre eine Nutzung, die an den früheren Zweck als Warenhaus anknüpft. Doch ob sich eine solche realisieren lässt, ist angesichts der Leerstände in der näheren Umgebung des Gebäudes mehr als fraglich. Umso erfreulicher ist, dass das Gebäude des Kaufhauses Brouk & Babka heute als Buchhandlung mit angeschlossenem Café genutzt wird.

Abbildung 27: Kaufhaus Textilia (Aufnahme 2015)

Auf dem Weg zum Sozialismus

Nach dem Ende der deutschen Besatzung war in der Tschechoslowakei zunächst eine Regierung der Nationalen Front entstanden, in der alle zugelassenen Parteien vertreten waren. Eine moralische Wende verbunden mit einer Absage an den Kapitalismus sowie eine starke Lenkung der Wirtschaft wurden als die vordringlichsten politischen Ziele angesehen.[62] Die Bevölkerung erwartete einen Wohlfahrtsstaat, der soziale Gerechtigkeit, Demokratie und Freiheit bringen und die Auswüchse des Liberalismus überwinden sollte. Viele, besonders die Anhänger der Kommunistischen Partei, glaubten auch daran, dass die dazu erforderlichen Reformen den ersten Schritt hin zum Ideal einer sozialistischen Gesellschaft bedeuteten.[63] In diesem Sinne hatte sich schon am 17.07.1945, gerade einmal zwei Monate nach der Befreiung, eine Gruppe von Architekten in der Haupthalle der Zentralbibliothek (Ústřední knihovna, heute Městská knihovna am Mariánské náměstí) in Prag versammelt. Jaroslav Fragner, Karel Janů, Václav Hilský und Jiří Krohá waren dabei, allesamt Architekten, die in den 20er und 30er Jahren eine Reihe von prominenten Bauten im Stil des Funktionalismus errichtet hatten. Gemeinsam mit Kollegen gründeten sie den „Block fortschrittlicher Architektenvereinigungen" („Blok architektonických pokrových spolků", kurz BAPS) und forderten sogleich Reformen in der Bauindustrie, etwa die staatliche Unterstützung für den Bau von Wohneinheiten sowie eine einheitliche Organisation für Planer und Architekten in der Tschechoslowakei. Im politischen Spektrum rückten diese Architekten damit eindeutig nach links und grenzten sich ab von der eher unpolitischen Haltung vieler Architekten in der Vorkriegszeit.[64]

Insgesamt betrachtet, standen die Architekten und Baumeister in der Tschechoslowakei vor einer besonderen Ausgangssituation. Anders als in den meisten Ländern Mitteleuropas waren die Gebäudeschäden hier überschaubar, zudem gab es auch zahlreiche fachlich versierte Architekten, die im Land geblieben waren und den Krieg überlebt hatten. Viele hatten bereits zwischen 1918 und 1938 im Rahmen der tschechoslowakischen Moderne zahlreiche höchst bemerkenswerte Bauten geschaffen. Außerdem gab es im Unterschied zu den anderen Ländern des entstehenden Ostblocks in der Tschechoslowakei eine eigenständige architektonische Tradition einschließlich der notwendigen Infrastruktur zur Bewältigung komplexer Bauaufgaben. Für die eher links orientierte Architekten war die Moderne nicht nur eine formale Angelegenheit, sondern auch eine Frage der sozialen Sensibilität. Architektur sollte einen Beitrag zur Verbesserung des Alltags aller Menschen sein. Dazu war es unerlässlich, die Kosten des Bauens durch Standardisierung und Vorfertigung zu senken. So konnten mehr Wohnungen errichtet werden und der Lebensstandard durch eine bessere Ausstattung gehoben werden. Eine Idee dazu bestand darin, Bad, WC und Küche so zu gruppieren, dass sie in einem Block vorgefertigt werden konnte und mit einem Kran als Ganzes in den entstehenden Wohnbau eingesetzt werden konnte. Karel Janů publizierte 1946 dazu folgenden Entwurf.

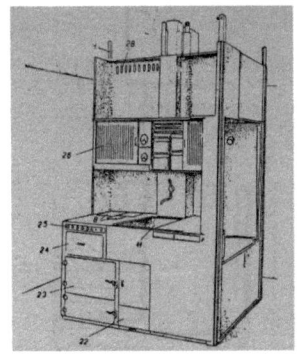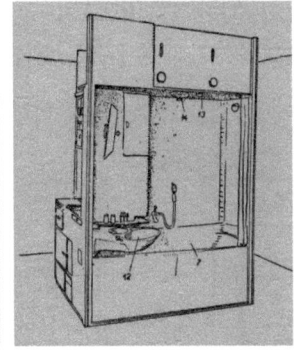

Abbildung 28: Vormontierte Bad-, WC- und Kücheneinheit (aus: Janů, Karel: Socialistické budovaní. Praha: Vydavatelstva „Architektury ČSR" 1946. S. 114)

Wohnungen mit fließendem Wasser und einem eigenen Bad boten Annehmlichkeiten, die auch im übrigen Europa keineswegs selbstverständlich waren. Eine vorgefertigte Nasszelle stellte dabei tatsächlich eine Revolution dar. Gemessen an einzeln eingebauten Badezimmern war sie viel billiger, da sie als Ganzes fabrikmäßig hergestellt und erst auf der Baustelle eingebaut werden kann. Diese Rationalisierung der Bauweise war dringend erforderlich, um möglichst zügig zeitgemäße Neubauten in der erforderlichen Zahl zu errichten. In Ostrava wurde der Wohnungsbedarf durch den in Folge der Machtübernahme der Kommunisten 1948 beabsichtigten Ausbau von Bergbau und Schwerindustrie zusätzlich angeheizt. Dementsprechend zielten die ersten planwirtschaftlichen Maßnahmen auf eine Steigerung der Produktion von Kohle und Stahl sowie auf die Schaffung ausreichenden Wohnraums. Viele Architekten entdeckten die Möglichkeiten, die sich dabei ergaben. Eine moderne und den Anforderungen der Zeit gemäße Stadt zu schaffen, das war der Plan. Feuchte und schmutzige Kleinwohnungen ohne sanitäre Einrichtungen sollten endgültig der Vergangenheit angehören. Darüber hinaus bot sich in Ostrava die Chance, durch den Charakter der Stadt als Zentrum der Kohle- und Stahlerzeugung hier diejenigen städtebauliche Visionen zu realisieren, die dann für den sich formierenden sowjetischen Block prägend werden sollten.[65]

„Diese geradezu labortechnischen Bedingungen ermöglichten es, modellhaft die Beschaffenheit und Ordnung der sozialistischen Gesellschaft sowie die Bedingungen, unter denen diese leben sollte, vorwegzunehmen: eine prinzipiell proletarische Einwohnerschaft in einer Wohnsituation und Versorgungslage, welche propagandistisch die Stalinsche Maxime von der ‚Sorge für den Menschen' demonstrieren sollten", schreibt die Kunsthistorikerin Michaela Marek.[66] Und weiter: „In den bestehenden Städten mit ihrer vielfältig gemischten Bevölkerung und dem disparaten, großteils aus dem 19. Jahrhundert stammenden Baubestand" wäre dieses Ideal einer sozialistischen Gemeinschaft unerreichbar geblieben. Ostrava war „seit dem 19. Jahrhundert eine Mittelstadt mit ausgeprägten Cityfunktionen geblieben, die Beschäftigten lebten zum überwiegenden Teil in den umliegenden Dörfern. Dies bedeutete [...] sehr einfache, oft dauerhaft provisorische und dementsprechend beschwerliche Verhältnisse, vor allem im Hinblick auf Arbeitswege und Hygiene.[67] Das Ziel lautete folglich, Ostrava im Zuge von drei Fünfjahresplanperioden zur zweitgrößten Stadt des Landes auszubauen. Für 400.000 Einwohner sollten 100.000 Wohnungen errichtet werden. Außerdem sah der Plan vor, die bestehende Stadt einzuebnen und ihre 48.000 Einwohner in neu zu planende Teilstädte umzusiedeln. Das alte Gebiet von Moravská Ostrava wäre dann nur mehr das administrative und kulturelle Zentrum – ohne

Wohnsiedlungen. Die größte der neuen Anlagen sollte auf dem Gebiet des Dorfes Poruba entstehen und bis 1963 150.000 Einwohner aufnehmen. Und die Planung beschränkte sich nicht nur auf Ostrava, sondern griff weit in das Umland aus: so sollten weitere Satelliten in Karvína im Osten (70.000 Einwohner), in Šenov-Šumbark (später Šumbark-Bludovice, ab 1955 Havířov, 50.000 Einwohner) und in Místek (40.000 Einwohner) entstehen.[68] Misst man die Entfernungen, so ergibt sich für das gesamte Gebiet ein Durchmesser von ca. 24 km (von W nach O bzw. SO).

Die Aufbruchstimmung der tschechischen Planer unmittelbar nach dem Zweiten Weltkrieg und noch vor der Machtübernahme der Kommunisten ist vielleicht am ehesten in der Siedlung Bělský Les in Ostrava zu spüren. Im Rahmen des Zwei-Jahres-Plans sollten hier wie in Kladno (bei Prag) und in Most (Brüx in Nordböhmen) größere Wohngebiete entstehen. Zur Startfinanzierung nutzte man die Mittel der UNRRA (United Nations Relief and Rehabilitation Administration), dem Hilfsfonds, den die später zerstrittenen Alliierten noch gemeinsam einsetzten, um die Auswirkungen des Krieges zu mildern. Nach skandinavischem Vorbild wollten hier die Architekten Wohnungen mit heller, belüfteter Küche, mit Bad und WC getrennt in der Wohnung sowie mit getrenntem Eltern- und Kinderschlafzimmer errichten. Die Wohnungen waren in erster Linie für die Arbeiter aus den Schlüsselbetrieben Ostravas gedacht, den Stahlwerken Vítkovice, den Steinkohlegruben Ostrava-Karviná und dem Chemiekombinat. Die Planungen begannen bereits 1946 und sahen 7.500 Wohnungen vor, die im Südwesten der Stadt abseits der industriellen Immissionen als Mustersiedlung errichtet werden sollten. Mustersiedlung, das bedeutete, dass die Bauten und ihre Anlage auch als mögliche

Vorbilder für andere Siedlungsprojekte gedacht waren. Die Leistungen modernen, zeitgemäßen Bauens sollten der Öffentlichkeit präsentiert werden, durchaus vergleichbar mit den Mustersiedlungen in Stuttgart-Weißenhof oder Prag-Baba aus den 20er Jahren.

Abbildung 29: Bělský Les (Aufnahme 2016)

Michaela Marek beschreibt die Besonderheiten von Bělský Les so: „Die Siedlung erstreckte sich auf unregelmäßigem, welligem Areal, durchzogen von überwiegend gewundenen Straßen und Fußwegen. Die Wohnhäuser unterschiedlichen Zuschnitts – von mehrgeschossigen zu Einfamilienhäusern – waren, zeilenweise zusammengefasst, in weitläufige, begrünte Freiflächen eingesetzt und standen zumeist quer zum Verlauf der Erschließungswege. Diesem Konzept der Stadtlandschaft entsprach auch die Binnenorganisation, die dem Modell der Nachbarschaften folgte, wenngleich in verkleinertem Maßstab."[69] Bemerkenswert war, dass bei der Planung der Siedlung neben einer guten Durchlüftung durch Grünschneisen auch darauf geachtet wurde, dass man in maximal drei Minuten einen Laden für den täglichen Bedarf erreichen konnte und in 10 Minuten die Trambahnhaltestelle. Die Häuser wurden im modernen Stil errichtet, das heißt mit Flachdach und strenger horizontaler Fassadengliederung. Einige Wohnungen hatten sogar einen Wintergarten, eine Sensation für die damalige Zeit. „Die vier- bis siebengeschossigen, langgezogenen Wohnhäuser zeigen kubische Formen mit zurückgesetzten, flach gedeckten Penthäusern. Die von jedwedem Dekor freien Fassaden mit bündig verglasten großen liegenden Fenstern werden durch leichte Vorsprünge in der Flucht und durch teils vorgesetzte, teils eingeschobene, bei den größeren Häusern insgesamt asymmetrisch angeordnete Balkone modelliert."[70] Doch gerieten die Bauarbeiten in Bělský Les ins Stocken, nachdem im Februar 1948 die Kommunistische Partei die Herrschaft übernommen hatte. Die neuen Machthaber strebten danach, alle Bereiche des Bauwesens unter ihre Kontrolle zu bringen. Eine Bezugnahme auf die funktionalistische Moderne, die die Wohngebäude und die Infrastruktur heute so bemerkenswert machen, erschien als nicht mehr zeitgemäß. Am Ende wurden in Bělský Les von den 70 geplanten Gebäuden nur 15 errichtet, und auf die Gemeinschaftseinrichtungen mussten die Bewohner der inzwischen in Stalingrad umbenannten Mustersiedlung noch bis Mitte der 50er Jahre warten.

Mit Hilfe des 1948 geschaffenen staatlichen Systems von Architektur- und Ingenieurbüros namens „Stavoprojekt" übernahm der Staatsapparat die Kontrolle über die Architektur und gab vor, wie geplant und gebaut werden sollte. Hatten die Planer von Stavoprojekt anfangs noch eigene Vorstellungen zu Design und zu dekorativen

Elementen, so wurde der Einfluss sowjetischer Vorbilder immer stärker. Nicht zuletzt wegen der ausbleibenden wirtschaftlichen Erfolge der jungen ČSSR – Lebensmittel blieben rationiert, verstaatlichte Betriebe gingen bankrott, Wohnungen fehlten weiterhin – wurde die politische Elite allmählich unruhig und drängte darauf, sich stärker an der Sowjetunion zu orientieren. Auch im Bauwesen sollten die gestalterischen Vorgaben der UdSSR zum Maßstab werden. Für diesen Stil hat Josef Havlíček (1899-1961), ein Modernist der Zwischenkriegszeit und später der Chef von Stavoprojekt, den abwertenden Begriff „Sorela" geprägt. Im Westen wurde dieser Stil als Sozialistischer Realismus bekannt. Der Ausdruck individueller Gestaltungsabsichten in der Planung der Architekten erschien hier als ebenso fehlgeleitet wie der Kapitalismus des freien Marktes in der Wirtschaft. Aber auch Arbeitsmethoden in der Bauwirtschaft sollten vereinheitlicht und feste Vorgaben für die Zahl der zu errichtenden Gebäude vorgegeben werden. Auf diese Weise löste sich das Bauwesen vom Nachfragemodell und wurde Teil der Planwirtschaft. Durch den Einfluss des Staates auf die Planer von Stavoprojekt konnte zudem eine wichtige gestalterische Vorgabe umgesetzt werden: die Abkehr von der bürgerlichen Moderne à la Bělský Les und die Hinwendung zum Sozialistischen Realismus nach sowjetischem Vorbild. Anfangs 4.500, später mehr als 11.000 Mitarbeiter mühten sich, das Bauen im ganzen Land zu industrialisieren. Die Baustellen sollten zu Fabriken werden. Vorerfahrungen gab es bereits aus der Zeit vor dem Ersten Weltkrieg, etwa durch das Projekt der Firma Baťa in Zlín, wo eine Schuhfabrik und die dazugehörigen Werkswohnungen in kürzester Zeit errichtet worden waren. Gab es für das ganze Land gültige einheitliche Entwürfe für eine begrenzte Zahl von Wohnungstypen, dann ließen sie sich als Ganzes oder zumindest in Teilen industriell, d.h. in hohen Stückzahlen vorfertigen und mussten auf der Baustelle nur noch montiert werden. Genau das war das Ziel der kommunistischen Machthaber. Der Entwurf einer in der Fabrik vorfertigbaren Nasszelle (siehe Abbildung 28) zum anschließenden Einbau war in dieser Hinsicht ein Meilenstein. Im Zusammenhang mit dem ersten Fünf-Jahres-Plan ab 1950 wurde die aus sechs Bautypen sog. T-Serie entwickelt – ein Name, der allein schon durch die Buchstaben- und Zahlenkombination den Eindruck des Modernen erwecken sollte. Da Material und Arbeitskraft knapp waren, wurde die Fläche der Standardeinheit auf 53 qm reduziert. Küche und Wohnraum wurden zu einer Wohnküche verbunden, ein separater Eingangsraum fiel weg. Getrennte Eltern- und Kinderschlafzimmer, ausreichend Sonnenschein und frische Luft blieben jedoch als Planungsvorgaben ebenso bestehen wie ein Waschbecken in der Küche zur Arbeitserleichterung. Die vorgesehenen Typen umfassten 3-4stöckige Ziegelwohnhäuser mit 2 bis 3 Wohn- bzw. Schlafräumen sowie Küche, Bad, WC und Speisekammer.

Um die neuen politischen Zielsetzungen zu verwirklichen, sollte der Architekt Jiří Kroha (1893-1974) für den zweiten Bauabschnitt das Verwaltungsgebäude sowie die Zufahrt von Norden entwerfen. Jiří Kroha hatte schon in den 30er Jahren zum Thema Architektur und Sozialismus publiziert und schien jetzt genau der richtige Mann zu sein, um der allzu sehr an der kapitalistischen Moderne orientierten Siedlung ein neues, linientreues Gesicht zu geben. Er entschied sich dafür, größere, dekorative Wohngebäude entlang der Hauptachse von der neuen Zufahrt zum Hauptplatz zu bauen. Jedes Gebäude war zunächst ein Standardtyp aus der T-Reihe. Dieser wurde jedoch mit verschiedenen Dekorationselementen an Portalen, Geländern, Brüstungen und Dachverkleidungen versehen, um den vorgegebene Einheitsentwurf zu individualisieren und den Bewohnern einen Identifikationsort zu bieten. Rund um den Hauptplatz (heute „Námestí Slovenského národního povstání") wurden Gebäude zur Nahversorgung erreichtet, also Poliklinik, Post, Lebensmittel-geschäfte, Kaufhäuser und Kulturhaus. Schule und Kindergarten befanden sich zwischen den Wohngebäuden. Auch bei diesen Gebäuden wurde auf Zierelemente nicht verzichtet, sie hatten Stuckreliefs, Figurenschmuck und einer Kombination aus Säulen und Pilastern an den Fassaden[71] und bezeugen so einmal mehr die Abkehr vom Funktionalismus. Geht man heute durch das Viertel und betrachtet die Wohnhäuser, so wird der Kontrast zwischen den maßvoll in der Größe reduzierten Bauten des ersten Bauabschnitts und den wuchtigen und höheren Häusern der Folgezeit deutlich. Die Gebäude aus der Anfangszeit haben immer noch etwas von der nüchternen Klarheit der Moderne der 20er Jahre.

Die Poliklinik an der Ostseite des Platzes entsprach den Plänen Krohas am meisten. Den Haupteingang überragt ein Säulendach mit Ziergiebel und einer blumenartigen Skulptur, ganz dem (neo-)klassischen Stil gemäß, der später auch in Poruba realisiert wurde. Fast meint man, vor einem kleinen Schloss zu stehen. Größer könnte der Kontrast kaum sein: Hier der schlichte, an der funktionalistischen Moderne orientierte Entwurf aus der unmittelbaren Nachkriegszeit, dort die klassisch verzierten Fassadengestaltungen aus dem parteilinientreuen Büro. Das 1956 fertiggestellte Kulturhaus an der Südseite des Platzes dagegen zeigt schon wieder mehr avantgardistische Elemente. Die Architekturhistorikerin Radomira

Sedláková sieht im Neoklassizismus des Sozialistischen Realismus, wie er in der Mustersiedlung Bělský Les respektive Stalingrad sichtbar wird, eine Gegenbewegung zur europäischen Moderne der 1920er Jahre. Und sie macht darauf aufmerksam, dass es stilistische Bezüge zwischen dem sozialistischen Realismus und der Architektur der US-amerikanischen Wolkenkratzer gibt.

Abbildung 30: Poliklinik Bělský Les (Aufnahme 2016)

Aus heutiger Sicht ist Bělský Les deshalb interessant, weil die ersten Gebäude der Siedlung in ihrer Schlichtheit und einfachen Form einen klaren Bezug zur Vorkriegsmoderne aufweisen. Mehr noch, durch ihre Größe und wohldurchdachten Proportionen bieten die

Mehrfamilienhäuser auch heute einen attraktiven Wohnort, auch wenn das Äußere der Gebäude ein wenig renovierungsbedürftig wirkt. Der politische Wandel in der Tschechoslowakei in den späten 1940er Jahren lässt sich in Bělský Les beim Spazierengehen erfahren. Denn nur wenige Meter von den ersten Gebäuden entfernt stehen die Bauwerke, die durch ihre am sowjetischen Vorbild orientierten Dekorelemente einen bestechenden Kontrast bewirken. Die formale Klarheit und Einfachheit des Funktionalismus ist vorbei, es dominiert jetzt eine vermeintlich volksnähere Bauweise.

Wir bauen eine neue Stadt

Neben der Fertigstellung von Bělský Les / Stalinstadt wurde in den 1950er Jahren noch ein weiteres Großprojekt sozialistischen Wohnens verwirklicht. Poruba, ganz im Westen Ostravas gelegen, war als Ort einer neuen Satellitenstadt vorgesehen. Sie sollte Nová Ostrava heißen und 150.000 Bewohnern Platz bieten. Einmal mehr wollte die Tschechoslowakei hier die Überlegenheit des Sozialismus demonstrieren, also wurde Poruba als Vorzeigesiedlung geplant, in der wie im Modell die Qualitäten der sozialistischen Gesellschaft veranschaulicht werden konnten. Moderne Wohnungen und eine funktionierende Infrastruktur sollten Arbeiter dazu bewegen, Beschäftigung in der wachsenden Zahl von Ostravas Kohleminen oder Eisen- und Stahlwerken zu suchen. Die sozialistische Propaganda stellte heraus, dass sich die Planung ausschließlich am Menschen orientierte und keine Rücksicht nehmen musste auf die Interessen von Grundeigentümern und Spekulanten. Gemäß dem Gesamtplan sollte die Anlage in Einem realisiert werden, nicht wie im Kapitalismus nacheinander und immer wieder unterbrochen durch wirtschaftliche Krisen. So konnte auch das Chaos auf dem Wohnungsmarkt, das der Kapitalismus hinterlassen hatte, demonstrativ beseitigt werden.[72] Die Planungen für die neue Stadt gingen einher mit dem weiteren Aufbau der Industrie in Ostrava. 1951 wurde mit dem Bau des Stahlwerks „Nová huť Klementa Gottwalda" (NHKG) begonnen, die nach dem damaligen Staatspräsidenten Klement Gottwald (1896-1953) benannt war. Im Rahmen der staatlichen Planwirtschaft wurde das Werk zum größten Industriebetrieb der Tschechoslowakei ausgebaut und umfasste Hochöfen, Kokereien, Walzwerke und die dazugehörigen Elektrizitätswerke. Das bei der Gewinnung von Koks anfallende Gas diente zudem als Grundstoff einer ebenfalls enstehenden chemischen Industrie.

Abbildung 31: Stahlwerk „Nová huť Klementa Gottwalda" (Postkarte aus den 1950er Jahren)

Abbildung 32: Modell Poruba (Postkarte aus den 1950er Jahren, vorne rechts der Bogen („Oblouk"))

Ein Dokumentarfilm aus dem Jahr 1958 feierte das Industriegebiet Ostrava als „unser Donbas", dabei ist Donbas die Bezeichnung für das Donezkbecken, ein riesiges Bergbau- und Industriegebiet an der ukrainisch-russischen Grenze.

Schon 1948 wurde in Poruba eine kleine Siedlung von einfachen, dreigeschossigen Häusern mit Satteldächern errichtet. An der heutigen Porubská, zwischen Oblouk und Věžičky, waren die Wohngebäude quer zur Straße angeordnet und mit großzügigen, begrünten Abstandsflächen zur maximalen Besonnung versehen. Diese Siedlung wurde in die spätere Planung mit einbezogen.[73] Ende 1949 arbeitete eine Gruppe junger Architekten bei der lokalen Bauverwaltung und der Leitung von Vladimír Meduna (1909-1990) Studien für eine sog. Bandstadt aus, also einer Ansiedlung entlang der Verbindungsstraße zwischen den verschiedenen Teilen Ostravas. 1950 wurden diese Entwürfe von der staatlichen Planungskommission verhandelt und im Mai 1951 wurde die Variante beschlossen, die vier verschieden große Satelliten um das langfristig zu reduzierende Zentrum in Moravská Ostrava vorsah. Wie in Bělský Les gab es im Zusammenhang mit der sog. Formalismusdebatte Kritik an der Schmucklosigkeit der ersten Gebäude in der neuen Siedlung. Der Vorwurf richtete sich dagegen, dass die sachlich-schlichte Ausführung zu wenig die neuen politischen Ideen zum Ausdruck brachte. Während in der Sowjetunion der Bezugspunkt die Formen und Materialien der imperialen und kolonialen Vergangenheit Russlands waren, sollte in der Tschechoslowakei die sog. „böhmische Renaissance" als Vorbild dienen. Es war eine glanzvolle Zeit, in der Kaiser Rudolf II. (1552-1612) Prag zur Hauptstadt machte und die Architekten im ganzen Land Bauwerke im neuen Stil schufen. Diese Neuorientierung an historischen Formen traf auch die Bedürfnisse der künftigen Bewohner. So hatten die Arbeiter eines Großbetriebes gefordert: „‚Wir sind zufrieden mit dem Komfort und der Ausstattung der Wohnungen [...]. Aber macht uns die Gebäude schön!'.“[74] Weil der Typenkatalog der vorgefertigten Bauteile noch keine mit Schmuckelementen enthielt, wurde das Dekor kurzerhand vor Ort angebracht. Dazu wurden sie aus Gips gegossen und an markanten Punkten des Gesamtensembles angebracht. Die Dekorelemente umfassten Konsolen, Gesimse und Fensterverdachungen. Als Vorbild diente die Ausstattung des tschechischen Nationaltheaters aus der frühen Gründerzeit, das die Nationwerdung im 19. Jahrhundert repräsentierte.[75] Bemerkenswert, dass ausgerechnet dieses Gebäude Modell für die Dekoration sein sollte, aber das Nationaltheater galt als ideale Verkörperung des Schaffenswillens des tschechischen Volkes, gleichsam als Symbol für die Erweckung des Volkes aus seiner kulturellen und nationalen Ohnmacht. Und 1952 setzte die Zeitschrift „Architektura ČSR“ nach und publizierte einen Entwurf für ein Gebäude, dessen Vorbild sich am Giebel eines Hauses in Tabor fand. Die Anknüpfung an historische Bauformen erfolgt jedoch nur in ideeller Hinsicht, architektonische und stilistische Verbindungen sind nur in begrenztem Maß vorhanden.

Am Modell der Sowjetunion orientierte sich auch die Verkehrserschließung der neuen Siedlung in Poruba. Auf der gesamten Fläche wurden nur zehn Straßen errichtet, fünf für Fußgänger und Nahverkehr und fünf durch Grün abgegrenzte für den Durchgangs- und Lastverkehr. „Die derart abgegrenzten und sich nochmals in kleinere, überschaubare Einheiten gegliederten Wohnviertel für jeweils 7.500 bis 10.000 Einwohner sollten eine

‚vollständige' Ausstattung mit sozialen, Gesundheits- und Kultureinrichtungen erhalten; Entsprechendes war für die 'Bezirke' mit 30.000 bis 40.000 Einwohnern vorgesehen, in denen mehrere der Quartiere jeweils zusammengefasst werden sollten."[76] Geplant war zudem, auf dem nach Süden leicht abfallenden Gelände über eine Hangkante hinweg den Blick auf die Wasserfläche des noch zu errichtenden, hier 120 m breiten Donau-Oder-Kanals sowie die dahinter liegenden Beskiden zu öffnen. Das Stadtpanorama sollte gleichsam in monumentaler Form ästhetisiert werden, ganz nach dem Vorbild von Prag, wo die Moldau zu Füßen der Burg lag. Bald schon machte sich jedoch der Mangel an Material und Arbeitskraft bemerkbar, so dass das Projekt bescheidener umgesetzt werden musste. Einige Elemente des sozialistischen Realismus wurden gleichwohl realisiert, u.a. ein monumentales Eingangstor, breite Boulevards und die (neo-) klassizistische Dekoration. Spätestens um die Jahreswende 1952 / 53 wurde das Vorhaben, die Altstadt von Ostrava aufzugeben, nicht weiter verfolgt. Dafür sollte sie nun mit neu bebauten Trümmergrundstücken zum Knotenpunkt zwischen den Satelliten werden, von denen einer in Ostrava stehen sollte.

Die Hauptachse der Sattelitenstadt Poruba sollte ein breiter Boulevard bilden, der früher Leninova und heute Hlavní třída heißt. Er teilt die regelmäßig rechteckige Grundform des Stadtteils und sollte auch die im Osten von Poruba geplanten Stadtteile erschließen. An ihrem Westende waren Hochschul-, Bibliotheks- und Klinikbauten in parkartigem Gelände vorgesehen. Direkt an der Hlavní třída sollte ein zentraler Platz mit einem Hochhaus nach sowjetischem Vorbild als markantem Mittelpunkt entstehen (etwa beim heutigen Alšovo náměstí).

Abbildung 33: Poruba Luftbild (Postkarte aus den 1950er Jahren)

Ca. 500 m wurden nach den originalen Plänen als breite Avenue realisiert, deren zwei Richtungsfahrbahnen von einem weiträumigen Grünstreifen getrennt werden. Entlang der Hlavní třída entwarf der Architekt Boris Jelčaninov eine Reihe von monumentalen Bauten, die über die gesamte Länge der Straße spiegelbildlich gleich als sechsstöckige Wohn- und Geschäftsgebäude gestaltet sind. Unverkennbar orientiert sich die Fassadengestaltung an klassischen Vorbildern. Massive dreiachsige und um ein Geschoss erhöhte Eckrisalite rhythmisieren die Straßenfront. Die Vorderseite der Häuserzeile zur Hlavní třída wird durch zwei breitere und erhöhte Risalite markiert, durch die triumphbogenartig gestaltete Durchfahrten in die dahinterliegenden Höfe führen, wie Michaela Marek schreibt. Und weiter: „Die Sockel, die zwei bzw. an den Risaliten sogar drei Geschosse zusammenfassen, zeigen eine plastische Bänderung, über dem Gesims erhebt sich eine nahezu korrekt gestaltete ionische Kolossalordnung: rhythmisch in Gruppen zusammengefasste glatte Pilaster an den Rücklagen, die an den Risaliten, zwischen Eckpilastern, zu kannelierten Dreiviertelsäulen gesteigert werden. Die Fenster des obersten Geschosses liegen dabei in der Kapitellzone, so dass das Gebälk unterbrochen werden musste, um die Höhenstreckung der Säulen zu begrenzen. Die Ordnung bekrönte noch eine als Balustrade gestaltete, an den Eckrisaliten massive Attika, die Vasenakroterien bzw. barockisierende allegorische Figurengruppen trägt. An dieser Fassadenbildung ist plastisch das Bemühen um komplexe Synthetisierung zu erkennen: Das ‚klassische Erbe' mischt sich vexierbildartig mit Reminiszenzen an den ‚einheimischen' Barock; zugleich knüpft die Gesamtdisposition und besonders nachdrücklich die Risalite mit den hohen, tonnengewölbten Durchfahrten an die seit den späten 1930er Jahren umgebauten Prachtstraßen in Moskau an [...].

Abbildung 34: Ansicht Hlavní třída (Postkarte aus den 1950er Jahren)

83

Die Dimensionen gegenüber den sowjetischen bzw. russischen Vorbildern [sind] deutlich reduziert, sodass bei aller Monumentalität doch ein ‚menschlicher Maßstab' gewahrt bleibt, der die Gebäude wiederum an die einheimischen ‚gewohnten' Bautraditionen zurückbindet".[77]

Angesichts der monumentalen Planung der Schauseite hin zur Hlavní třída ist es bemerkenswert, dass die Planer bei der Gestaltung der Rückseite versuchten, den Fußgänger als Maßstab zu nehmen. Sie verwirklichten intime Höfe mit vielen Grünflächen zwischen den angenehm gefällig gestalteten Straßen. Weite und enge Straßen wechselten einander ab, um den Grundrissplan zu rhythmisieren und Langeweile zu vermeiden. Sitzgelegenheiten und Vorrichtungen zum Ausklopfen von Teppichen trugen den Bedürfnissen der oftmals vom Land zugewanderten Bevölkerung nach Kommunikation und Austausch Rechnung. Vorbilder dafür fanden die Planer wiederum im Moskau der 1930er Jahre, wie Michaela MAREK feststellt.[78] Zudem orientierten sich die Architekten am sozialen Wohnungsbau der 20er Jahre, etwa am Karl-Marx-Hof in Wien. Offiziell zumindest nicht Teil der Planung war dagegen das englische Gartenstadtkonzept. Während dieses Modell eine Stadtlandschaft dadurch schaffen wollte, dass es die Stadt in kleine isolierte Einheiten zerschlug, sah der sozialistische Realismus des sowjetischen Vorbildes vor, die Stadt klar von der Landschaft abzugrenzen. Avenuen und Plätze bilden dabei geschlossene Räume, ganz im Sinne der klassischen Architektur. Dem Menschen einen geborgenen, wohlversorgten und dabei auch ansprechenden Platz in der Gemeinschaft zu verschaffen, das war eine der Zielsetzungen des sozialistischen Städtebaus.

Später entstanden ist der Centrum-Block am Alšovo náměstí, etwa in der Mitte des ersten Abschnitts der Hlavní třída. Der Plan für das ursprünglich hier vorgesehene Hochhaus wurde 1956-60 überarbeitet, um ein symmetrisches Ensemble von Häusern in einem moderneren Stil zu schaffen. Die unteren Stockwerke des jetzt an der Nordseite des Platzes stehenden Gebäudes springen vor. Über dem Portikus befindet sich ein Relief von Vladimír Navrátil mit dem Namen „Kosmický věk", das auf das Zeitalter der Weltraumfahrt anspielt. Der Bau ist die Antwort auf das poststalinistische Tauwetter und ist ein Beispiel für den Übergang vom Sozialistischen Realismus hin zum Stil der Brüsseler Moderne. Das Dach wiederum ist ein Verweis auf asiatische Bauformen.[79]

Abbildung 35: Hutník (Aufnahme 2018)

Auf der gegenüberliegenden Seite des Platzes an der Ecke Alšova / Alšovo náměstí befindet sich im Zentrum der kleinen Grünanlage die

Skulptur eines Hüttenarbeiters („Hutník") von Antonín Ivanský (1910-2000). Dies ist ein markantes Beispiel für die künstlerische Durchgestaltung des Stadtteils, die ihre Motive immer wieder in der Erfahrungswelt der Bewohner sucht.

Vom großen Kreisverkehr etwa in der Mitte der Hlavní třída zweigt die Straße Porubská nach Süden ab und führt nach einem Knick an den ersten in Poruba errichteten Wohngebäuden vorbei hinunter zum Komplex rund um das bogenförmige Gebäude des Oblouk.Auf dem Weg dorthin erkennt man ca. 200 m von der Hlavní třída entfernt auf der westlichen Seite der Porubská ein anderes auffälliges Gebäude. Věžičky (Porubská 18-30), das Türmchen, ist inspiriert vom Gebäude „U Lhotků", das früher in Prag an der Ecke Vodičkovu Ulice und Wenzelsplatz stand. Aber auch andere Prager Renaissancebauten wie etwa das Palais Schwarzenberg mögen als Modell gedient haben. Das 1956 errichtete Věžičky schafft die Sichtbeziehung zwischen Oblouk und der Hlavní třída. Aus der Entstehungszeit stammt auch die reiche Stuckdekoration und das figurative Sgraffito, das die vier Jahreszeiten und spielende Kinder darstellen. Es ist ein Gemeinschaftsprojekt der Maler Vojtěch Berka und Luboš Synecký. Auf der Website http://ostravskesochy.cz/dilo/153-Slunecni-hodiny-a-Deti kann man sehr schön die Details dieser Arbeit betrachten. Das Gebäude wird dem Architekten Boris Jelčaninov zugeschrieben, der anonym beim örtlichen Stavoprojekt tätig war. Dass es sich bei dem Gebäude trotz der einzigartigen künstlerischen Dekoration um ein Projekt handelt, das aus den vorgegebenen Gebäudetypen geplant wurde, verrät nur die gemeinsame Anordnung, Proportion und Größe der Fensteröffnungen in den Fassaden. Diese sind gleich wie in den anderen Wohnhäusern aus dieser Zeit.[80]

Abbildung 36: Věžičky (Aufnahme 2015)

Folgt man der Porubská am Věžičky vorbei weiter in Richtung Süden, so gelangt man durch einen Torbogen zu einem halbkreisförmigen Platz von gewaltigen Ausmaßen, den ein monumentaler Wohnblock umschließt. Dieser gigantische Gebäudekomplex namens Oblouk („der Bogen") am unteren Ende der heutigen Porubská war als ein Wahrzeichen von Porubas erstem Distrikt gedacht und wurde 1952-55 nach dem Vorbild des Generalstabsgebäudes in St. Petersburg errichtet. Der Entwurf „zeugt aber – gerade in Verbindung mit dem Stadttor – auch von der Kenntnis des Münchner Karlsplatzes. Die leicht überhöhten Eckrisalite mit den zurückgesetzten achteckigen Türmchen verweisen auf die russische Bautradition, und die in rhythmischen Abständen vor die Fassade gelegten Fenstereinfassungen sowie die Gestaltung des oberen Halbgeschosses greifen Motive aus der jüngeren Moskauer

Großstadtarchitektur auf, während das Sockelgeschoss mit abstrahierter, in Sgraffitotechnik aufgebrachter Diamantrustika geschmückt ist, einem Schlüsselmotiv der ‚tschechischen Renaissance'."[81] Bögen, Sgraffitotafeln und Pilastern zwischen dem dritten und vierten Stock sowie zwischen Kranzgesims und Dach kennzeichnen das Dekor der Anlage. Sie wird von einem Torbogen geschnitten, der gleichsam als monumentales Eingangstor in die neue Arbeitersiedlung fungieren sollte. Über dem Hauptbogen steht eine Reihe von Figuren von Václav Šantrůček, die an die klassische Tradition des Ziergiebelschmucks anknüpfen. Dargestellt wurden Bergleute, komplett in Arbeitskleidung und mit Fahrrad, Hund und Gewerkschaftssymbol. Für die Bewohner war diese Szene aus den 1950er Jahren nah an ihrem täglichen Leben. An der Südwestseite des Oblouk steht ein Turm, dessen oberer Teil einen polygonalen Grundriss hat. Deswegen und durch die angebrachte Uhr wirkt dieser Turm wie ein Kirchturm.

Abbildung 37: Oblouk (Aufnahme 2015)

Der Komplex des Oblouk insgesamt „drückte deutlich einen Wandel in der architektonischen Methode im Gegensatz zu den T-Serien der ersten Stavoprojekt-Jahre an. Er war ein einmaliger, standortbezogener Entwurf, um ein Vielfaches größer als jedes der standardisierten Projekte von 1950".[82]

Welchen Stellenwert hat Poruba heute, gut 65 Jahre nach der Entstehung und fast 30 Jahre nach dem Ende des Sozialismus? Die Einschätzung von Vladimír Šmehlík, Autor eines Ostrava-Führers, ist da ganz eindeutig: Poruba ist eine qualitätsvolle und großzügige urbanistische Lösung: breite Straßen, umfangreiche Höfe und viel Grün machen es bis heute zu einem der beliebtesten Viertel von Ostrava.[83] Und auch die amerikanische Architekturhistorikerin Kimberly Elman Zarecor hält Poruba für die erfolgreichste tschechoslowakische Antwort auf den sozialistischen Realismus. Eben weil die Planer auf Formen sowohl der tschechischen Renaissance als auch der neoklassizistischen Palastarchitektur zurückgriffen, konnten sie die teils massiven Baukörper gliedern und die Monumentalität auf ein menschliches Maß reduzieren.[84] Ähnlich sieht dies auch Michaela Marek. Ihrer Meinung nach zeichnet sich Poruba durch eine stilistische Einheitlichkeit aus, die dennoch Raum für individuellen Ausdruck lässt, etwa in Form von ornamentalem Dekor oder durch Steinmetzarbeiten. Dass hierbei oft auf volkstümliche Motive, aber auch auf fröhlich lachende Arbeiter und glückliche Kinder zurückgegriffen wird, vermeidet Langeweile und schafft einen Ausgleich für die Strenge der klassizistischen Fassaden entlang der Hlavní třída. Außerdem wird so eine Identifikation der Bewohner mit der neuen Heimat erreicht. Der Zuschnitt der Wohnungen in Poruba war mit neun Quadratmetern pro Person für die damalige Zeit großzügig bemessen. Dadurch, dass eine Mischung aus Zweizimmerwohnungen (60 %), Drei- (25 %) und Mehrzimmerwohnungen (5 %) sowie Ledigenheime (10 %) errichtet wurden, konnte eine gewisse soziale Durchmischung der Bewohner realisiert werden. Fortschrittlich war auch die Versorgung der Wohnungen mit Elektrizität, Wasser, Kanalisation, Gas und Fernwärme.[85] Poruba ist, wie Michaela Marek schreibt, die „sozialistische Großstadt im böhmischen Gewand".[86] Monumentale Wohngebäude, die eher aristokratischen Palästen als einer x-beliebigen Bergarbeitersiedlung ähneln, schaffen einen gewissen Großstadtcharakter. Gleichzeitig bewahren die Bauten jedoch das menschliche Maß. Die Siedlung macht den Eindruck einer gewachsenen Anlage, etwa wenn man vom Oblouk hinauf zur Hlavní třída geht. Exponierte Blickpunkte wie z.B. der Věžička, lassen die schematische Planung zumindest zeitweise vergessen.[87] Für den Danziger Kulturgeograf Mariusz Czepczyński macht das Beispiel Porubas dagegen deutlich, wie die totalitäre und allmächtige kommunistische Partei nicht nur das wirtschaftliche, soziale und kulturelle Leben regierte, sondern auch über den visuellen und ästhetischen Ausdruck des Alltagslebens bestimmte. Er zählt daher Ostrava zu den „repräsentativsten Beispielen einer stalinistischen neuen Stadt". Sie waren darauf ausgelegt, durch grandiose Bauten eine Gegenwelt zum misslichen Alltagsleben zu eröffnen, das von Mangelwirtschaft, Einschüchterung, überbordender Bürokratie und Terror charakterisiert war und in dem praktisch jeder Aspekt des täglichen Lebens ideologisiert war.[88] So verstanden können die Gebäude der 1950er Jahre als Medium staatlicher Propaganda aufgefasst werden, das nicht nur durch die Symbole, heroische Narrative und Inschriften, sondern auch durch den Ausdruck der Architektur selbst die Botschaft von der Überlegenheit des Sozialismus zu verbreiten suchte. Da die Sprache dabei verständlich für die ungebildeten Massen sein musste, tauchten allseits bekannte sakrale Metaphern in der kulturellen Landschaft auf. Die sozialistische Revolution wurde in zahlreichen Heiligtümern zelebriert, oft an einem dominanten Ort im Stadtbild auf einem Hauptplatz oder am Rand einer Grünanlage. Die großen Plätze und breiten Prachtalleen, die die Siedlung duchzogen, hatten eine ideologische Funktion für Paraden und Kundgebungen, die ein äußerst wichtiger Teil des sozialistischen Rituals waren. Sie besaßen eine räumliche Dominanz im Stadtbild, wie sie heute vielleicht Fußballstadien und Autostraßen haben. Wegen des Mangels an Reise- und Informationsmöglichkeiten glaubten tatsächlich viele Bürger, sie würden in der besten Welt leben, obwohl der gesunde Menschenverstand dies nicht bestätigte.[89]

Heute ist, da die ideologischen Verstrickungen aus der Bauphase allenfalls von historischer Bedeutung sind, das öffentliche Interesse an Poruba stetig steigend. 1983 blieb es in einer touristischen Karte nicht dargestellt, 2003 erhielt es den Status eines geschützten Denkmals und im Jahre 2006 zählte es zu den touristischen Hauptattraktionen Ostravas.[90] Die insgesamt gut erhaltene und gepflegte Anlage lässt immer noch etwas von der Aufbruchsstimmung spüren, wenn Planer eine neue Stadt entwerfen – man betrachte nur die Hamburger Hafencity, wo gerade große Anstrengungen unternommen werden, ein ansprechendes Ensemble zeitgemäßer Bauten zu errichten. Mehr noch, es gibt nur wenig Nachkriegsbauten in annähernd vergleichbarer Qualität in Europa. Gut belüftet, fern von Industriebetrieben und an der Avantgarde ausgerichtet – das ist die Bauweise im Ostrava der Nachkriegszeit. Bemerkenswert ist dies auch deswegen, weil nachfolgende Großsiedlungen kaum mehr die Qualität von Poruba erreicht haben. Der ideologische Überbau, der die planerischen Vorgaben in der Entstehungsphase maßgeblich beeinflusst hat, ist heute nur mehr indirekt rekonstruierbar. Stattdessen zeigt sich, wie eine Bewegung der Moderne, wie die funktionalistische Architektur der Zwischenkriegszeit, abgelöst wurde durch eine mehr rückwärtsgewandte Gestaltung. Zwar mag es durchaus revolutionär erscheinen, sich am Stilempfinden des Volkes statt an ästhetisch abgehobenen Vorstellungen allzu intellektueller Architekten zu orientieren, doch gelang dies nur dadurch, dass man auf Vorlagen aus einer weltanschaulich diskreditierten Epoche zurückgriff.

Abbildung 38: Beispiel aus Hradec Králové (Aufnahme aus dem Jahr 2015)

Ein anderes Paradox ist das Bestreben, einerseits dem sowjetischen Vorbild nachzueifern und andererseits immer wieder Bezugspunkte zur eigenen tschechischen Geschichte zu schaffen. Dies erscheint heute kaum noch nachvollziehbar, da die Dominanz des sowjetischen Modells für die Länder des ehemaligen Ostblocks fast vergessen ist. Interessanterweise finden sich gestalterische Vorbilder für Poruba aber nicht nur in der Sowjetunion, sondern auch in anderen tschechischen Städten, z.B. in Hradec Králové, wo schon in den 1920er / 30er Jahren ein komplett neues Stadtviertel errichtet worden war. Auch dort finden sich Dekorelemente wie Halbsäulen oder Lisenen sowie Reliefs unterhalb von Fenstern und Türen.

Abbildung 39: Hlavní třída (http://www.czregion.cz/hlavni-trida-v-ostrave-porube-obr?size=_original (gesehen am 9.09.2018)

Geht man heute die Hlavní třída entlang, so bekommt man einen Eindruck von der Großzügigkeit, mit der diese Stadt geplant wurde. Keine Frage, diese Großzügigkeit ist sicher auch gewollte Monumentalität, die bei den Menschen Bewunderung hervorrufen und ihnen die Vorzüge der sozialistischen Architektur verdeutlichen sollte. Doch sind auch aus der zeitlichen Distanz die Qualitäten der Hauptstraße immer noch offensichtlich. Es ist ein veritabler

Großstadtboulevard, auf dem man flanierend die Auslagen der Geschäfte betrachten kann. Man mag einwenden, dass es in den Schaufenstern gar nichts auszustellen gab. Doch kann der Spaziergänger ebenso die abwechslungsreiche Fassadengestaltung betrachten, auf einer Bank im breiten Grünstreifen, der die beiden Fahrbahnen der Hlavní třída trennt, oder sich am Blick durch die Tordurchfahrten erfreuen.

Der Stadtteil Poruba ist lebendig, bewohnt und steht unter Denkmalschutz. Im zentralen Kulturhaus herrscht reger Betrieb. Der Ort, an dem in der Stalinära der Typ des neuen Menschen für die kommunistische Zukunft herangezüchtet werden sollte, ist in Ostrava scheinbar kompatibel mit postsozialistischen Lebensentwürfen - anders als etwa in Ostdeutschland.[91] Die großzügige Anlage strahlt ihre eigene Urbanität aus, nicht zuletzt wegen der langgestreckten Achse in der Mitte, einer Prachtstraße mit Grünstreifen für Radfahrer und Fußgänger. Gleichzeitig ist sie auch Geschäftsstraße, da es im Erdgeschoss der Wohnhäuser zahlreiche Läden gibt, die anders als in den Trabantensiedlungen anderswo auch geöffnet sind und die Nahversorgung der Bewohner sicherstellen. Auch den Laden für die üblichen modischen Ergänzungen gibt es. Die Erschließung durch Bus und Trambahn funktioniert gut, nur eine knappe halbe Stunde dauert die Fahrt ins Zentrum. Insgesamt also findet man heute in Poruba eine Wohnqualität, die die in vergleichbaren anderen neuen Städten bei weitem übertrifft. Sie ist Beleg dafür, wie durch eine abwechslungsreiche Gestaltung mit viel Grünflächen, kleinen Höfen für nachbarschaftliche Begegnungen und einer guten Verkehrserschließung ein attraktives Viertel entstehen kann. Durch eine geschickte Anordnung von Gebäuden wird eine Folge von

Innenhöfen geschaffen, durch die sich immer wieder neue und spannungsreiche Blickachsen ergeben. Auch die künstlerische Durchgestaltung des Stadtteils trägt zur Zufriedenheit der Bewohner mit ihrem Quartier bei. Die Grundidee der Stadt im Sozialismus, für Arbeit, Wohnen und Freizeit zu sorgen, ist dabei auch heute noch ersichtlich. Doch ist die Ausrichtung der Stadt auf ein Dasein im Kollektiv angesichts der zunehmenden Individualisierung immer mehr in Frage gestellt. Es bleibt allerdings offen, wie die Zukunft der dem Gemeinwohl dienenden Einrichtungen wie Sportanlagen Bibliotheken und Kinos aussehen wird.

Orientierung nach Westen – Brüsseler Stil

Im Jahre 1955 besuchte der brasilianische Architekt Oscar Niemeyer (1907-2012) anlässlich eines Architekturkongresses in West-Berlin die Tschechoslowakei. Niemeyer, der u.a. das UN-Gebäude in New York und später die neue brasilianische Hauptstadt Brasilia entworfen hatte, war in der Tschechoslowakei nicht unbekannt, hatte doch schon eine der ersten Ausgaben der Zeitschrift „Architektura ČSR" aus dem Jahre 1946 eine Notiz über ihn veröffentlicht. Darin wurden zwei Eisenbetonskelettbauten mit freiem Grundriss in Rio de Janeiro besprochen, die er gemeinsam mit Le Corbusier (1887-1965) entworfen hatte. Bereits 1945 war Niemeyer in die Kommunistische Partei Brasiliens eingetreten und verfolgte mit Interesse den Aufbau einer sozialistischen Gesellschaft in Osteuropa. Nach seiner Meinung zu den Bauten in der Ost-Berliner Stalinallee und Karl-Marx-Allee befragt, verhielt er sich loyal und äußerte keine Kritik an der Architektur des Sozialistischen Realismus. Bei seinem Besuch in der Tschechoslowakei ließ er sich Beispiele für die dortige Bauweise zeigen und traf sich mit den Protagonisten der aktuellen Architektur, zeigte sich jedoch von einem künstlerischen Standpunkt aus skeptisch. Später, 1963, erhielt Niemeyer den Lenin-Orden der Sowjetunion, das sozialistische Pendant zum Nobelpreis. Nach dem Militärputsch 1964 musste er Brasilien verlassen und übersiedelte nach Paris.[92] Mit dieser Biografie eignete sich Niemeyer als Impulsgeber für die Architektur im Sozialismus der 50er und 60er Jahre. Das war wichtig in einer Zeit des Umbruchs, der durch den Tod Stalins im März 1953 von der Sowjetunion ausgehend die gesamte Welt erfasste, besonders jedoch die Staaten des Ostblocks. Beispielhaft für das repressive Klima der Stalinzeit sind die

Schauprozesse, in denen von 1948 bis 1952 missliebige Kritiker und vermeintliche Staatsfeinde auch in der Tschechoslowakei zum Tode verurteilt oder lebenslang ins Gefängnis gebracht wurden. Nach dem Tod Stalins setzte man sich mit den Verbrechen dieser politischen Justiz auseinander, gleichzeitig setzte auch ein Wandel in der intellektuellen Atmosphäre des Landes ein. Schriftsteller und Studenten begehrten auf, wobei es ihnen weniger um einen fundamentalen Protest ging, sondern sie verlangten mehr Offenheit und Diskussion.[93]

Eine Abkehr von den strengen ideologischen Vorgaben des Stalinismus war auch in der Architektur zu erkennen. Der Architekturhistoriker Martin Strakoš spricht von der Suche nach neuen Stilen einer sozialistischen Architektur ab der Mitte der 50er Jahre. Die Architekten betrachteten dabei auch Vorbilder im Westen. Strakoš nennt hier neben Oscar Niemeyer auch Eero Saarinen, Marcel Breuer, Viljo Revell sowie Arne Jacobsen oder den für gewagte Stahlbetonkonstruktionen bekannt gewordenen Felix Candela sowie Auguste Perret, der u.a. nach dem Zweiten Weltkrieg für den Wiederaufbau von Le Havre verantwortlich war. Anders als zu Zeiten des Baukombinats Stavoprojekt waren individuelle, freiere Entwürfe der Architekten wieder mehr erwünscht. Die Handschrift einzelner Architekten wird wieder klarer sichtbar. Formal bezogen sich die Planer auf die klassische Moderne: Stahlbetonskelettbauten mit vorgehängter Fassade, oft durch regelmäßige geometrische Rasterung oder mit Fensterbändern gegliedert, hervorgehobene farbliche Gestaltung mit kräftigen Tönen, weitgehende Zurückhaltung bei Ornamenten. Außerdem kamen bislang kaum verwendete Materialien wie Glas, Kunststoffe oder Aluminiumbleche zum Einsatz. Die Konstruktionen wirkten insgesamt leichter. Auch werden die Gebäude höher gebaut, galten Hochhäuser doch als Symbole des Fortschritts. Der Einfluss weniger weltweit tätiger Architekten führte aber auch dazu, dass lokale Besonderheiten verloren gingen oder nur mehr teilweise zu erkennen sind, weshalb diese Form der Architektur auch als „Internationaler Stil" bezeichnet wird. In der Tschechoslowakei waren jedoch selbst die international orientierten Architekten immer noch dem Zwang zur Standardisierung und Rationalisierung unterworfen, die ihnen die sozialistische Planwirtschaft vorgab.[94]

Den Übergang der tschechoslowakischen Architektur vom Sozialistischen Realismus zum späteren Internationalen Stil wurde durch die Weltausstellung 1958 in Brüssel markiert. Daher gibt es in der Tschechoslowakei auch die Bezeichnung „Brüsseler Stil" für diese Art der Architektur, dieser Name ist allerdings jenseits der Grenzen kaum gebräuchlich – auch nicht in Polen oder der DDR.[95] Im Deutschen steht „Brüsseler Stil" eher für eine spezielle Form des Jugendstils. Die erste Weltausstellung nach dem 2. Weltkrieg, die von April bis Oktober 1958 in Brüssel stattfand, war durch eine grenzenlose Aufbruchsstimmung gekennzeichnet. Alles schien möglich, das Atomzeitalter, in Brüssel symbolisiert durch das Atomium, und die Epoche der Raumfahrt versprachen faszinierende Zukunftsperspektiven. Ausgeblendet blieben freilich die politischen Probleme durch die fortdauernde Konfrontation der Weltmächte USA und Sowjetunion. Insgesamt 48 Länder nahmen teil. Viele Staaten errichteten einen eigenen Ausstellungsbau auf der Expo, um die Leistungen ihres Landes zu präsentieren. Der tschechoslowakische Pavillon erregte großes Aufsehen und dokumentierte den eigenständigen kulturellen Stil der ČSSR. Der Ausstellungspavillon wurde von František Cubr (1911-1976), Josef Hrubý (1906-1988) und Zdeněk Pokorný (1909-1984) geplant, die 1956 den dafür ausgeschriebenen Wettbewerb des Architektenverbands gewonnen hatten. Die Ausstellung stand unter dem Motto „Ein Tag in der Tschechoslowakei".

Abbildung 40: Restaurant im Pavillion der ČSSR auf der Expo 1958 in Brüssel (Foto: Michal Kmínek, Wikimedia CC BY-SA 3.0)

1957 hatte die Tschechoslowakei an der Mailänder Triennale teilgenommen, einer wichtigen Ausstellung zum zeitgenössischen Design. Hier sollte Anschluss an die Entwicklungen im Westen gewonnen werden und gleichzeitig eine Art Generalprobe für die Expo ein Jahr später stattfinden. Die Brüsseler Weltausstellung wurde dann zum großen Erfolg, zahlreiche tschechoslowakische Künstler gewinnen Auszeichnungen und Preise.[96] Nicht nur in Bezug auf die Architektur, sondern auch in vielen Bereichen des Gebrauchsdesigns und der Innenausstattung zeigten die tschechoslowakischen Künstler zeitgemäße Objekte. So gab es beispielsweise Porzellan in aerodynamischen Formen und bewegtem linearen Dekor zu sehen. Ebenso bemerkenswert war die experimentelle Glasur und die Verwendung abstrakter Ornamente. Inspiration holten sich die Künstler dabei aus den Katalogen westlicher Firmen.[97] Im Möbelbau orientierten sich die Designer an skandinavischen Vorbildern und nutzten vielfach neue Materialien, Technologien und Formen.[98]

Der Pavillon wurde auch in der Tschechoslowakei sehr populär und trug mit dazu bei, dass das ganze Land von einer Expo-Manie erfasst wurde. „Viele Menschen wollten etwas besitzen, das für sie einen Bezug auf die Möglichkeiten der modernen Welt darstellte. Diese Neuerungen machten sich sogar im Streichen der Wände bemerkbar, in geometrischen Kreisen, Dreiecken oder Streifen. [...] Jeder wollte zum Beispiel etwas aus Kunststoff haben", so der Architekturhistoriker Martin Strakoš.[99] Der Brüsseler Stil hielt Einzug in die Architektur, in die bildende Kunst, ins Design, in die Gestaltung der Innenräume. So gestaltete man die Innenräume von Geschäften, Restaurants, Imbissstuben, Kino- oder Theatersälen nach dem Vorbild des tschechoslowakischen Pavillons. Anstatt traditioneller Architektur-elemente wie Gewölben oder Kuppeln wurden jetzt moderne Akustikdecken eingebaut. Bislang übliche Kronleuchter aus Kristallglas wurden durch neue Beleuchtungskörper mit Neonröhren ersetzt. Dabei aber kam es zu technischen Problemen, da die entsprechenden Kapazitäten an Elektrizität oft nicht vorhanden waren. Neue Gestaltungsideen standen gelegentlich im Widerspruch zum Sparzwang aus ökonomischen Gründen, insgesamt aber verbesserten sich in der Zeit nach 1958 die Lebensverhältnisse der breiten Bevölkerung. Viele der Interieurs aus der damaligen Zeit sind nicht mehr erhalten oder sehr stark verändert. Folgt man Martin Strakoš, so sollten sie heller, farbiger, und abwechslungsreicher sein. Asymmetrien und Diagonalen wurden besonders betont, die Besucher sollten ein Gefühl der Illusion erleben. „Beliebt waren auch Spiralformen, zum Beispiel bei Treppen. Derartige Elemente verliehen den Architekturwerken mehr Dynamik."[100]

1962 fand auf dem Messegelände Černa Louka in Ostrava die Ausstellung „Za socialistické životní prostředí" (in etwa „Für ein sozialistisches Lebensmilieu" oder „In einem sozialistischen Lebensmilieu") statt. Hier sollte die Moderne im Sozialismus den Menschen näher gebracht werden.

Abbildung 41: Ausstellung „Za socialistické životní prostředí" in Ostrava (Postkarte aus den 1960er Jahren)

Geräte, die sonst nicht so einfach erhältlich waren, etwa Staubsauger, Herde oder Bügeleisen, konnten während dieser Schau gekauft oder bestellt werden. Dienstleistungen wie Friseure, Schuhreparaturen ergänzten das Angebot und sollten den Menschen den Fortschritt des Sozialismus besonders auch bei der Versorgung mit Konsumgütern und Dienstleistungen verdeutlichen. Dieser Zielsetzung entsprechend wurde auch das Ausstellungsgelände im neuen Stil gestaltet.[101]

Heute noch gut erkennbar ist der „Expo-Stil" mit seinen interessanten geometrischen Kompositionen u.a. im Hauptbahnhof von Ostrava (Ostrava hlavní nádraží) sowie im Bahnhof von Ostrava-Vítkovice. Nähert man sich dem Hauptbahnhof von der Stadtseite her, so ist ein ausladendes, unregelmäßiges und den Bahnhofsvorplatz weit überspannendes Vordach das auffälligste Merkmal. In seiner Mitte befindet sich eine große kreisförmige Öffnung. Darunter ist ein Brunnen mit einer Bronzeskulptur von Sylva Lacinová-Jílková (geboren 1923) aufgestellt. Der Bahnhof wurde in den Jahren 1966-1968 von Lubor Lacina (1920-98), einem Schüler Bohuslav Fuchs' (1895-1972), erbaut. Das Bahnhofsgebäude ist auf einem trapezförmigen Grundriss errichtet, mit einer großen Glasfront zum Vorplatz hin, in die heute in großen Buchstaben der Schriftzug Ostrava eingearbeitet ist. Im Originalzustand zeigte die Glasfront Motive aus der Geschichte Ostravas, die ursprüngliche Glaswand wurde jedoch bei einer Renovierung ersetzt und ist heute nicht mehr zu sehen. Die große Bahnhofshalle ist in drei offene Geschosse geteilt. Im Erdgeschoss befinden sich Fahrkarten- und Informationsschalter sowie die Gepäckaufgabe. Geht man einen Stock höher, so erreicht man Geschäfte und Dienstleistungen. Über das Obergeschoss kommt man zum Übergang zu den einzelnen

Gleisen. Die Raumwirkung der Bahnhofshalle ist heute durch notwendige Einbauten wie Aufzüge etc. gestört, auch steht ein Teil der Geschäfte und Schalter leer.

Abbildung 42: Hauptbahnhof (Hlavní nádraži) in Ostrava Außenansicht (Aufnahme 2018)

Der gesamte Raum wird rhythmisiert durch walzenförmige Säulen, die gemeinsam mit dem Grundriss eine Sogwirkung hin zu den Bahnsteigen andeuten. Der Brüsseler Stil ist besonders gut im geometrischen Muster von Decke und Boden zu erkennen. Der Bahnhofsvorplatz ist als Zentrum des öffentlichen Nahverkehrs gestaltet, mit Endhaltestellen für Trolleybusse und Trambahnen.[102]

Der 1967 feierlich eröffnete Bahnhof Vítkovice in Ostrava gilt als ein herausragendes Beispiel für den Brüsseler Stil, der sogar mit Op-Art-Elementen aufwarten kann, wie Jitka Mládková schreibt.[103] Plastische Op-Art-Raster an der Decke spiegeln sich im Steinboden. So werden ganz im Sinne der nachstalinistischen Öffnung dieser Zeit auch Elemente der zeitgenössischen Kunst des Westens berücksichtigt.

Abbildung 43: Hauptbahnhof (Hlavní nádraži) in Ostrava Innenansicht (Aufnahme 2016)

Der Architekt des Bahnhofs in Vítkovice war Josef Danda (1906-99), der zuvor schon funktionalistische Bahnhofsgebäude in Teplice nad Bečvou und in Pardubice entworfen hatte. Auf eine Basis aus Stahlbeton setzte er eine stählerne Halle. Die Vorderseite ist besonders eindrucksvoll gestaltet als Glasfront mit sägezahnartig angeordneten Betonstreben. Im Inneren ist das Obergeschoss durch eine umlaufende Balustrade mit abstrakten Motiven optisch klar abgetrennt. Auch beim Bau des Bahnhofs Vítkovice werden zahlreiche neue Materialien verwendet, etwa Kunststoff, Wellblech sowie Keramik und Metall.

Abbildung 44: Bahnhof Vìtkovice (Außenansicht) (Aufnahme 2016)

Abbildung 45: Bahnhof Vìtkovice (Innenansicht) (Aufnahme 2016)

Bemerkenswert ist auch, dass hier zum ersten Mal in der Tschechoslowakei eine Rolltreppe für den Übergang zu den Gleisen verwendet wurde. Der Bahnhof Vítkovice steht heute etwas verlassen neben dem riesigen Bahnhofsvorplatz, da die Verkehrsströme anderswo fließen. Deshalb wird über eine neue Nutzung diskutiert, im Gespräch sind ein Ausstellungsraum für die städtischen Verkehrsbetriebe oder eine Fitnesshalle.[104]

Abbildung 46: Hauptverwaltung Vítkovice-Konzern (Aufnahme 2018)

Zwei weitere Gebäude repräsentieren den Funktionalismus des Brüsseler Stils. Das 1961-1965 errichtete Gebäude der Hauptverwaltung des Vítkovice-Konzerns in der Ruská 101 mit seinem T-förmigen Grundriss setzt mit dem quer zur Straße gestellten Teil einen dominanten Akzent. Über dem Gehsteig steht das Gebäude auf Säulen und bildet so einen Durchgang. Die Fassade wird durch Fensterbänder sowie eine Verkleidung mit Keramikfliesen gegliedert. Als dieses Gebäude errichtet wurde, hatte Vítkovice seine Bedeutung als Wohnort zugunsten einer forcierten industriellen Entwicklung bereits verloren.[105]

Im Stadtteil Poruba befindet sich an der Slavíkova 22 das Bürogebäude Černá perla („Schwarze Perle"). Das von 1965-1967 errichtete, 12stöckige Bauwerk mit abgeschrägten Ecken, dessen Architekt unbekannt ist, weist einen rechteckigen Grundriss auf.

Abbildung 47: „Černá perla"
(Aufnahme 2018)

Die vorgehängte Fassade der oberen Stockwerke besteht aus Fensterbändern. Die unterhalb der Fenster angebrachten Glasplatten gaben dem Gebäude seinen Spitznamen. Hervorstechend ist das fliegende Dach, das in der Form eines V geknickt nach Süden leicht über die Fassade hinausragt.[106]

Aus der Zeit des Brüsseler Stils stammen auch bedeutende Werke der bildenden Kunst in Ostrava. So etwa die Plastik „Řečtí andělé" („Griechenengel") des slowakischen Künstlers Jozef Jankovič (1937-2017) aus dem Jahr 1969, die im Zentralfriedhof von Ostrava steht.

Abbildung 48: „Řečtí andělé" (Aufnahme 2018)

Das 16 Meter breite und 4 Meter hohe Kunstwerk aus Beton hat die Form zweier parallel zueinander angeordneten stumpfwinkligen Dreiecke, deren Spitzen in die Erde gebohrt sind. In der Mitte jeder Seite treten riesige Menschengestalten mit grotesk deformierten

Extremitäten aus der Dreiecksfläche hervor. Das Kunstwerk ist ein typisches Beispiel für die Kombination abstrakter und gegenständlicher Formen und die Verwendung des modernen Werkstoffes Beton. Der in den 1960er Jahren auch international bekannte Jozef Jankovič erinnert mit diesem Werk an die Entfremdung des Menschen in der modernen Welt.

Abbildung 49: „Vertikála"
(Aufnahme 2018)

Die Skulptur „Vertikála" („die Vertikale") ist eine 8 Meter hohe plastische Collage von Röhren aus rostfreiem Stahl. Sie wurde 1969-70 vom Bildhauer Vladislav Gajda (1925-2010) geschaffen, dessen Werk vom britischen Bildhauer Henry Moore beeinflusst ist. Die Skulptur stand zunächst in einer von dem Architekten Ivo Klimeš (geboren 1932) entworfenen Brunnenanlage auf dem Parkgelände des Havlíčkovo náměstí, das Wasserbecken mit dem Brunnen ist heute nicht mehr erhalten.

Die Bauwerke des Brüsseler Stils in Ostrava zeigen heute eine authentische Moderne, wie sie im Westen nur allzu oft ausgelöscht oder unkenntlich gemacht wurde. Sie stehen für einen Aufbruch in eine neue Zeit und grenzen sich bewusst von den Vorläuferbauten ab. Damit repräsentieren sie auch die Hoffnung der Menschen auf gesellschaftliche Veränderungen, die aber letztlich nicht erfüllt wurden. Außerdem stehen sie für den Versuch, unter schwierigen politischen Verhältnissen dennoch Anschluss an künstlerische Entwicklungen im Rest der Welt zu gewinnen. Gerade in der Tschechoslowakei mit ihrer reichen Bautradition mag dies ein bestimmendes Motiv gewesen sein. In diesem Sinne wagen viele Entwürfe Neues, Noch-nicht-Gesehenes, sichtbar am fliegenden Dach an der Slavíkova oder am Vorbau des Hauptbahnhofs. Erkennbar ist auch, durch ausgesuchte Kunstwerke den Wert des Gebauten zu steigern und den Bewohnern Identifikationsmöglichkeiten zu bieten. Zugleich ist die Bauweise aber immer maßvoll geblieben, Gebäude im Stil des Brutalismus wird man in Ostrava wenn überhaupt nur wenige finden. Viele Beispiele für die Architektur der 6oer Jahre sind in reiner und ursprünglicher Form erhalten, ohne Ergänzungen und mit wenig Umbauten, so dass allenfalls der Verfall den Charakter der Bauwerke stört. Zu verdanken ist dies sicher dem zunächst kaum vorhandenen Interesse an dieser Epoche der Architektur, aber auch den oft nicht vorhandenen Mitteln, die Gebäude oder die Kunst am Bau zu erneuern. Wertet man den Brüsseler Stil als politisches Signal gegen die Normalisierungs-bestrebungen nach dem Einmarsch der

Sowjetunion 1968, so mag dies auch ein Grund dafür sein, warum diesen Bauten in unserer Zeit besondere Aufmerksamkeit gewährt wird. Tatsächlich werden die Gebäude aus dieser Zeit heute als Teil des öffentlichen Kulturerbes gesehen, das es zu erhalten lohnt. In diesem Sinne beschäftigt sich Denkmalschutz in Ostrava ganz explizit mit den Bauten aus der Zeit des Brüsseler Stils und versucht, bei einem breiteren Publikum Bewusstsein dafür zu schaffen. Erkennbar ist dies beispielsweise an den vielfältigen Aktivitäten, Kunstwerke und Gebäude aus dieser Zeit im Internet zu inventarisieren. Damit könnte es gelingen, selbst kleinere Veränderungen zu verhindern, die oft der Anfang sind für einen längeren „Renovierungsprozess", an dessen Ende das ursprüngliche Erscheinungsbild nicht mehr zu erkennen ist. Ursprüngliche Architektur, außen wie innen, bliebe damit als Zeugnis für die Bauweise der 1960er und 70er Jahre erhalten, das dringend nötig ist, da man im Westen den Gebäuden dieser Epoche eher ambivalent gegenübersteht und ihren Wert noch nicht adäquat zu erkennen vermag.

Die Stadt im Wandel

Heute ist die Erzählung, die Ostrava begleitet, die der Stadt im Wandel. Beispielhaft lassen sich in Ostrava die verschiedenen Verlaufsstadien einer modernen Industriegesellschaft betrachten, wobei das letzte Stadium noch unvollendet, die weitere Entwicklung ungewiss ist. Doch in kaum einer anderen europäischen Stadt wurden die Herausforderungen, die die jeweilige Epoche mit sich brachte, so wie in Ostrava gemeistert. Zunächst errichtete man in rascher Folge die zur Kohleförderung nötigen Gebäude und Einrichtungen und versuchte, zumindest ansatzweise, angemessene Unterkünfte für die Arbeiter zu schaffen. Als im Zuge der Industrialisierung der Bedarf an Eisen und Stahl größer wurde, entstanden gigantische Werke. Später, als die Tschechoslowakei ein unabhängiger Staat wurde, brauchte man Direktionsgebäude für die nationale Industrie, die nicht länger von Wien aus gesteuert wird, ebenso Geschäfte und Läden für die gestiegenen Ansprüche der Bevölkerung. In der Zeit des Sozialismus sah der Plan vor, Ostrava zum Zentrum der Schwerindustrie zu machen, also entstanden ein neues Stahlwerk von monströsem Ausmaß und riesenhafte Großsiedlungen mit hoch emporragenden Plattenbaublöcken. Als Bergbau, Eisen- und Stahlerzeugung in den 1990er Jahren unrentabel wurden, überließ man die übrig gebliebenen Bauten ihrem Schicksal. Oder man riss sie ab, um auf dem Gelände Einkaufszentren zu errichten, weil der Zeitgeist des frühen 21. Jahrhunderts nach erlebnisträchtigen Shopping-Malls verlangte. Die Stätten der Industrieproduktion wurden aber auch in kulturhistorische Erfahrungsorte umgewandelt oder als Schauplätze für Festivals genutzt. Nicht zuletzt dank ihrer Weitläufigkeit konnte die Stadt jeder dieser Veränderungen den nötigen Platz geben, so dass ein mehr oder weniger strukturloses Durcheinander von Wohnen, Verkehr und Industrie entstanden ist, man könnte auch sagen, eine abwechslungsreiche Mischung jeweils charakteristischer Stadtzonen mit hohem historischen Anschauungswert. Im Stadtbild lässt sich der beständige Wandel immer wieder in scharfen Kontrasten erkennen, so etwa in der Anlage der Důl Jindřich (Grube Heinrich), deren stillgelegter Förderturm scheinbar verloren vor einer langsam verfallenden Wohnanlage steht.

Abbildung 50: Förderturm der Důl Jindřich (Grube Heinrich) zwischen den Hochhäusern (Aufnahme 2018)

Die polyzentrische und inhomogene Stadt gibt so ein zweifach disparates Bild ab: räumlich mit dem fortlaufenden Wechsel von Verkehrswegen, Brachen, Wohnviertel, Industriegelände, Parkplätzen sowie Schuttflächen, aber auch zeitlich durch die Simultaneität von aufgegebenen, in Gebrauch befindlichen und auf eine neue Nutzung wartenden Bauwerken. Die Stadt stellt so als Ganzes einen ständigen

Transformationsraum dar, wobei die einzelnen Elemente des Stadtbildes ebenfalls wieder beständig transformiert und nie gleich sind. Ihr Zustand zeigt dabei unterschiedliche Qualitäten, von gut erhalten bis zum Abbruch reif.

Abbildung 51: Jan Zrzavý (1890-1977): „Ostravské haldy II" (1933, Öl auf Leinwand, Galerie výtvarného umění v Ostravě)

Ein Sinnbild des Wandels sind die Halden („halda", plural „haldy"), die als künstlich geschaffene Hügel über die Stadt verteilt sind. Halden als Symbole einer ungebremsten Ausbeutung der Kohlevorkommen prägten das Bild Ostravas über einen langen Zeitraum. Dieses Bild ist unwiderruflich verschwunden. Früher, so stellt der Schriftsteller Jan Balabán (1961-2010) fest, waren die Wohnviertel „buchstäblich in den riesigen Flächen der Industriewerke verloren, inmitten von Halden, Schlackebergen, verlassenen Fabriken, Unkrautwäldern und Schlammteichen. Für menschliche Behausungen gab es nur am Rande dieser Strukturen Platz, sie waren zweitrangig."[107] Die Halda Terezie-Ema, auch als „Vulkan (sopka) Ostravas" bekannt, der Wärme und des

Dampfes wegen, die aus Löchern in der Abraumhalde austreten, bietet heute aufgrund ihrer zentralen Lage einen fantastischen Ausblick über das Stadtgebiet, wenngleich v.a. im Winter der Aufstieg wegen des deutlichen Temperaturunterschieds etwas unheimlich ist. Schilder warnen vor austretendem Grubengas, neben den Fassadenrissen an manchen Gebäuden im historischen Zentrum ein weiteres bleibendes Andenken an die Zeit des Kohlebergbaus. Die Halde ist eine besonders markante Chiffre für den Wandel in Ostrava. Auf der Karte ist die Halde Ema nichts als ein weißer Fleck. Man kann sich ihr leicht nähern, vom Zentrum aus geht man ein paar Minuten bergauf. Es ist wieder dieser eigentümliche Kontrast: Soeben noch zwischen hohen Geschäftshäusern und vielbefahrenen Kreuzungen, steht man plötzlich in einer schwach bebauten Vorstadtstraße, schaut hinab auf Wiesen und Parkplätze. Immer wieder ragen Rohre aus der Erde, eingezäunt und mit Warntafeln versehen. Grubengas. Was würde wohl passieren, wenn man hier ein Streichholz anzündete? Es ist die Ahnung einer vagen Gefahr. Eine Gefahr, die aus dem Boden kommt und deren Ursache der Bergbau ist, der hier über Jahrzehnte betrieben wurde, ohne Rücksicht auf die späteren Folgen. Doch stehen ringsum Häuser, und niemand wirkt besonders ängstlich. Geht man die Halde weiter hinauf, lässt man die locker bebauten Straßen hinter sich und steigt auf einem Feldweg bergan. Umschlossen von Natur, doch nur scheinbar, denn besonders im Frühjahr sind durch den noch spärlichen Bewuchs die Umrisse der Stadt zu sehen, im Dunst die Hochhäuser und verlassene Schachtanlagen. Niemand ist hier unterwegs, vielleicht weil sich die Halde noch nicht als Erholungsraum mitten in der Stadt im Bewusstsein der Bewohner etabliert hat. Weiter oben wird der Boden warm. Im Boden öffnen sich Spalten, aus denen Dampf austritt. Ein echter Vulkan, könnte man meinen. Doch ist die Quelle der Dämpfe menschengemacht. Der Abraum, das für „tot" erachtete Gestein, das hier aufgetürmt wurde, entwickelt sein Eigenleben. Nicht die geplante Illusion eines Feuerbergs wie im Dessauer Gartenreich, wo der Herrscher seinen Besuchern zeigen wollte, wie perfekt er die Natur nachbilden kann. In Ostrava wirken die chemischen Prozesse unbeabsichtigt und ganz ohne die planende Hand eines Fürsten. Niemand hat über die Folgen nachgedacht, bevor man die Halde aufschüttete. Der Abfall wurde möglichst Platz sparend zur Seite geräumt und wird auch dann noch Zeugnis der rücksichtslosen Ausbeutung ablegen, wenn alle anderen Spuren des Bergbaus verschwunden sind. Im Inneren des künstlichen Berges soll es bis zu 1500 Grad warm sein. Die obere Schicht der Halde erscheint ein wenig fragil, ganz so, als ob sich jederzeit eine Spalte auftun oder eine Dampffontäne aus dem Boden strömen könnte. Im Winter bleibt der Schnee nicht liegen, so warm ist es. Ein unwirklicher Ort, und wie es hier in 50 Jahren aussehen wird, ist völlig ungewiss. Aus dem Inneren des Berges strömt langsam Methan nach oben, von den verlassenen Strecken des Bergwerks gelangt es durch feinste Ritzen an die Oberfläche und hält kleine Schwelbrände über Jahre am Leben. Das Gas bleibt unsichtbar, Versuche zu löschen sind sinnlos. Doch langsam kehrt die Natur wieder zurück und streut ihre Spuren über den stinkenden Abraum. Eine dünne grüne Schicht könnte fast die Illusion vermitteln, inmitten einer Parklandschaft zu stehen. Die Halde indes verweist auf die industrielle Vergangenheit, sie bleibt angesichts der flüchtigen Gase und giftigen Schwermetalle im Untergrund ein Angstraum. Zugleich zeigt sie symbolisch die Metamorphose des Abfalls. Taubes Gestein wird zur Landschaft.

Abbildung 52: Halde Ema (Aufnahme 2015)

Das Areal der Halde wird transformiert, es ist begehbar und erlebbar und bekommt so eine neue Bedeutung im Gefüge der Stadt.

Abbildung 53: Halde Ema (Aufnahme 2015)

Die Halde ist nicht mehr länger Ab-Raum, Überbleibsel aus einer wirtschaftlich aktiven Zeit oder Symbol für den Aufbau des Sozialismus, sondern sie zeigt sich uns als mehr oder weniger grüne Insel mit Aussichtspunkt und Pisten für Mountainbiker. Der Bergbau ist passé, sein Erbe jedoch noch da. Auch das jetzige Bild wird kaum Bestand haben, die Transformation der Stadtlandschaft geht kontinuierlich weiter. Symbole des Wandels lassen sich aber auch in den Leerstellen im Stadtbild sehen. Wo früher etwas war, ist heute nichts mehr. Der Stadtraum ist an vielen Stellen nicht geschlossen und erzeugt damit eine gewisse Disharmonie. Wie uneinheitlich das Stadtbild Ostravas ist, sieht man z.b. auf dem Hauptplatz Masarykovo náměstí, dessen Südostecke direkt an einen ungeordnetem Parkplatz angrenzt. Dadurch fehlt dem Hauptplatz eine klare Grenze. Dies umso mehr, als auch eine andere Seite des Platzes unbebaut ist und nur mühsam mit temporären Aktionen wie einem Beachvolleyballfeld gefüllt werden kann. Zwar wird der Platz jetzt von einer Baumreihe eingefasst, doch kann auch sie den Eindruck der Leere nicht ganz ausräumen. Auch die Kathedrale, nur einen Block vom Masarykovo náměstí entfernt, steht scheinbar bedeutungslos am Rand eines Parkplatzes. Die Neuordnung dieses Gebietes scheint noch nicht so recht vorangekommen zu sein. Markante Bauten aus den 1920er und 1930er Jahren sind verwaist und verfallen notdürftig gesichert leise vor sich hin. Jedes für sich ein Meilenstein der Architekturgeschichte, das Ensemble aus dieser Epoche ist einmalig in Europa. Diese gleichsam versehrten Häuser aber erschweren den Eindruck von Urbanität. Viele dieser Baudenkmäler warten auf eine neue Nutzung. Nur vereinzelt vermitteln Casinos und Läden für Billigprodukte noch eine Ahnung von städtischem Leben. Und in der Stodolní am Rande des historischen Zentrums werden Vergnügungen für das Schnäppchen-Publikum aus dem hedonistischen Milieu organisiert, das aus ganz Europa für billiges Bier und Animation hier her kommt.

Die leere Fläche bestimmt das Stadtbild, nicht nur als Industriebrache, sondern auch als verlassenes Wohngebäude oder aufgegebenes Kaufhaus. Der Geograf und Stadtforscher Jürgen Hasse schreibt dazu, dass Brachen auf Vergangenes verweisen und dabei sowohl Faszination als auch Ablehnung hervorrufen. In ihnen verbindet sich das Erhabene mit dem Tragischen.[108] Doch kommt dem verlassenen Stadtareal auch eine Bedeutung zu, die über die blanke Ödnis hinausgeht. Es ist die Vergangenheitsgestalt einer menschlichen Raumnutzung und wird konkret fassbar „im Bild der von Menschen oft tragisch zurück-gelassenen Produkte kulturlandschaftlichen Schaffens. Tragisch ist dabei nicht das Bild der Brache, sondern die darin von kultureller Geschichte kündenden Bedeutungen. Diese weisen nicht nur auf den physischen Verfall von Bauten und Dingen hin, sondern auch auf den krisenhaften Niedergang von Ideen, Lebensperspektiven und Hoffnungen."[109] Dächer, Wände, Fenster und Türen verfallen, außen und innen werden nicht mehr unterscheidbar, und wildwachsende Natur dringt ins Innere des Hauses ein. „Der ins Dach wachsende Efeu, Verbotsschilder und improvisierte Metallzäune künden nur diffus vom menschlichen Scheitern und der Vergeblichkeit der Fortführung einer Nutzung. [...] Hallen, Plätze und Wege sind vom Leben und Arbeiten der Menschen verlassen. [...] Wie das Hässliche die Aufmerksamkeit abstößt und bindet, so ist die Brache faszinierend und bedrohlich. In ihrer sukzessiven Zersetzung durch Überwucherung sowie in der Auflösung jeder Ordnung ist sie ein Symbol des Chaos. Ihre verfallsbedingte Umgestaltung steigert die

Komplexität lokaler Gestalten, so dass sich die gewohnte Wahrnehmung des Städtischen im Ganzen der unübersichtlichen Vielfalt der Eindrücke verliert. Im Chaos der Brache verschwimmen die Grenzen zwischen Identität und Verschiedenheit. Die Ruine ist noch als Maschinenhaus erkennbar, aber doch auch schon etwas in die Unbestimmtheit sich Auflösendes. Darin ist sie Allegorie der Endlichkeit allen Lebens."[110] Man braucht allerdings, so Hasse weiter, Übung im Erfassen der Perspektive, denn die ursprüngliche Form des Raumes ist nicht so einfach zu begreifen. Wir nehmen den Raum um uns symbolisch wahr und konstruieren Bedeutungen aus den Objekten, Ensembles, Umgebungen und Szenen. Leere, wie Kulissen dastehenden Gebäude machen es uns dabei nicht leicht, den Straßenraum zu lesen und sich so eine Vorstellung von früher zu machen.[111] Wem das nicht gelingt, wird Ostrava als öde und gesichtslos wahrnehmen. Denn nur mit einem gewissen Vorstellungsvermögen kann man in der Straße 28. října die Kühnheit erahnen, mit der sich die Fassaden einst in den Straßenraum schoben und wie die Kaufhausarchitektur eine geschickte Präsentation der Ware beförderte und die Innenstadt belebte. Die baulichen Zeugnisse, die wir heute vorfinden, lassen sich oft nicht so einfach deuten. Für die Erschließung der milieuspezifischen Relevanz fehlt die Atmosphäre der Industriestadt. Bankpaläste und Großhotels alleine erzeugen diese nicht, es fehlt der Ruß der Kokereien und der Lärm der Hochöfen. Es fehlen die typischen Raumbeziehungen zu den Fördertürmen und Schornsteinen, die das Stadtbild einst bestimmten. Damit lässt sich dieses Stadtbild nur mehr aus der Erinnerung oder aus alten Ansichten rekonstruieren. Die Raumbeziehungen fehlen aber auch, wenn die Hinterlassenschaften von Industrie und Bergbau nur isoliert abgebildet und so die Symbole der industriellen Revolution ins Sakrale überhöht werden, wie beispielsweise im Fotografieprojekt von Dirk Messberger und Alexander Bernhard mit dem Titel „Kathedralen von Ostrava".[112]

Dabei lässt sich das heute aufzufindende Szenario auch anders auslegen. Ostravas Stadtraum ist frei vom oft mühsamen Versuch der Ästhetisierung. Dieses Grundprinzip postmoderner Stadtgestaltung, aufwändig verzierte Fassaden, aufgehübschte Quartiere oder durchdesignte Stadtmöbel ohne Gebrauchswert sucht man hier vergeblich. Damit setzt Ostrava den Kontrapunkt zu der von Hasse inkriminierten „präsentativen Veredelung der Stadt", die der Faszination des Erlebens erliegt und „mit ihren Atmosphären der Gefälligkeit Identität [stiftet], die von personaler Sinnsuche entkoppelt" ist. In einer schönen Stadt dominiert ein Apparat kulturindustriell vorformatierter Empfindungsregime. Repräsentative Vorzeigebauwerke der Konzerne kommunizieren einen Überschuss an Bedeutung und spielen mit dem Zauber, indem sie Glaubwürdigkeit, Seriosität, Macht und Vertrauenswürdigkeit suggerieren. „Die ästhetisch getrimmte Stadt soll im Medium der Faszination zugeneigte Aufmerksamkeit wecken und keine idiosynkratischen Empfindungen auslösen. Sie soll nicht die Kritik der sie konstituierenden Verhältnisse evozieren, sondern Gefühle des Gefallens und des Heimatlichen stiften."[113] Genau dies aber kann in Ostrava nicht funktionieren. Der schöne Schein präsentiert sich hier gewissermaßen von der anderen Seite, von der Schattenseite, was das Stadterlebnis aber nicht unbedingt schmälern muss.

Einer Schlüsselrolle beim Wandel Ostravas kommt dem Einkaufszentrum Forum Nová Karolina zu, errichtet auf dem Gelände der ehemaligen Grube Karolina. Es lässt die alten Einkaufsstraßen immer mehr veröden, weil es Menschen und Kaufkraft anzieht. Im Einkaufszentrum gibt es keinen öffentlichen Raum, etwa zum Rauchen oder Konsum alkoholischer Getränke. Wer sich die angebotenen Waren nicht leisten kann, bleibt ausgeschlossen. Auch dies unterscheidet das Forum Nová Karolina von traditionellen Geschäftsvierteln, wo es immer Orte zum Verweilen gibt, die nicht dem Konsumzwang unterworfen sind. Waren mit nur geringer Nachfrage finden hier keinen Platz, das Angebot ist am Geschmack der Masse ausgerichtet. Anders als in historisch gewachsenen Geschäftsvierteln wird man nach dem Betreten des Einkaufszentrums allein durch die Anordnung der Läden gleichsam unbewusst geführt. Betrachtet man das unmittelbare Umfeld des Forum Nová Karolina, so scheint es so, als ob der Anschluss an den Stadtraum fehlen würde, die Mall steht isoliert und greift gewachsene Strukturen wie Straßenzüge oder Häuserfluchten, aber auch vorherrschende Baustile nicht auf. Rund um das Einkaufszentrum entsteht so eine Art Leerzone, auch wegen der erforderlichen Verkehrserschließung und der notwendigen Parkplätze. Sie hebt das Einkaufszentrum noch mehr von der historisch gewachsenen Stadt ab. Vereinzelt entstandene Wohngebäude neben dem Forum vertiefen diese Isolation noch, weil sie nicht nur in architektonischer, sondern auch in sozialstruktureller Hinsicht keine Gemeinsamkeiten mit den historisch gewachsenen Straßenzügen haben. Dies umso mehr, als in unmittelbarer Nähe des Geländes viele der oben beschriebenen morbiden Gebäude aus den 1920er und 1930er Jahren stehen. In wirtschaftlicher Sicht sind Einkaufszentren wie das Forum Nová Karolina Leuchttürme, die den Menschen zumindest oberflächlich zeigen, wie sehr sich die Lebensverhältnisse in Ost und West bereits angeglichen haben. Dabei besticht das Einkaufszentrum durchaus durch seine Gestaltung. Es steht für moderne Weltarchitektur, für ein internationales Warenangebot, für moderne funktionale Arbeitsplätze für vermutlich wenig Lohn. Es ist ein neuer Mittelpunkt, gerade in einer zentrumslosen Stadt wie Ostrava. Bezogen auf den Eiffelturm hat Roland Barthes festgestellt, dass er „aus sich selbst leben" kann. „Man kann dort träumen, essen, beobachten, begreifen, staunen, Einkäufe machen wie auf einem Schiff [...], man kann sich dort von der Welt abgeschnitten und doch zugleich als Besitzer der Welt fühlen."[114] Diese Autarkie kann auch das Einkaufs-zentrum für sich beanspruchen. Einkaufen, Essen, Kino, Vergnügen verschiedenster Art, Treffpunkt, Flirten sind denkbar. Um das Einkaufszentrum herum gehen der Stadt diese Möglichkeiten dann aber immer mehr verloren. Vergebens sucht der Flaneur in Ostrava schicke Restaurants, Theater, aber auch interessante Galerien oder attraktive Passagen, die die Attraktivität einer gewachsenen Stadt ausmachen.

Deutlich sind die Veränderungen der letzten Jahre auch in Vítkovice zu erleben. Der Hüttenbetrieb ist heute Geschichte. Zwar konnte sich die Schwerindustrie hier im Sozialismus dank Planwirtschaft länger halten als in Westeuropa, doch das Ende der Herrschaft der Kommunistischen Partei bedeutete auch das Aus für die unrentabel gewordene und hoch subventionierte Eisen- und Stahlindustrie. Die veralteten Produktionsanlagen blieben sich selbst überlassen oder wurden abgerissen. Die Hinterlassenschaften des Hochofenbetriebs sind auch lange Zeit nach seiner Einstellung immer noch spürbar. Es riecht nach Metall, Stahl und Ruß. Das Sichtmauerwerk überzieht eine schwarze Schmutzschicht. Immer ist auch ein leichter Schwefelgeruch über den Gebäuden präsent. Halle reiht sich an Halle, gesäumt von überdimensionalen Rohranlagen, kilometerlang. Zwischen dem Mirové náměstí und der Eisenhütte im Osten ist reger Betrieb auf den Straßen, jedoch fragt man sich an den wenigen Stellen, an denen sich ein Blick auf das Fabrikgelände öffnet, was hier eigentlich passiert. Die Eisenbahnschienen, die die Straße queren, sind hinter den Werkszäunen mit Gras überwachsen. Auf den Gleisen stehen Waggons, die schon leicht rostig nicht den Eindruck erwecken, ständig bewegt zu werden. Die Ladung sieht abgestellt und nicht mehr benötigt aus. Es bewegen sich kaum Menschen, das ganze Szenarium könnte auch einen Schrottplatz darstellen. Die Hallen sehen einsturzgefährdet aus, doch die riesenhaften Hinterlassenschaften des Hochofens geben noch immer einen Eindruck von der Monstrosität des Hüttenbetriebs, von der höllischen Hitze und dem donnernden Lärm.

Nicht zuletzt Fotografen wie Bernd und Hilla Becher haben dazu beigetragen, dass Industrieanlagen heute als Denkmäler geschätzt werden, doch darf der visuelle Reiz dieser Bilder nicht darüber hinwegtäuschen, welchem Elend die Arbeiter und ihre Familien einst hier ausgesetzt waren. Das Kernareal des Stahlwerkes Vítkovice versucht man heute zu erhalten und als kulturelles Zentrum zu nutzen. Die verfallene Direktorenvilla wurde nach 2000 rekonstruiert und dient heute dem Maschinen- und Anlagenbauer Vítkovice als Repräsentationsgebäude. Der Zutritt ist nur an wenigen Tagen möglich. Selbst in den Garten zu gelangen ist ausgeschlossen. Das Wachpersonal reagiert so unmissverständlich, dass weiteres Nachfragen nicht ratsam erscheint. Während diese Gebäude noch immer genutzt werden, haben die Kioske am Mirové náměstí den Zeitenwandel nicht so gut überstanden und warten auf eine neue

Nutzung. Einst setzten die Flachbauten mit dem weit auskragenden Dach einen modernen Akzent am Platz, doch heute sind der Schnellimbiss und der Blumenladen eher Zeichen der Ideenlosigkeit.

Abbildung 54: Kiosk Vítkovice (Aufnahme 2015)

Unmittelbar neben den Überresten des einstigen Hüttenwerks stehen die leeren Gerippe der Kokerei und der zugehörigen Bergwerksanlage. Dieses Ensemble auf so engem Raum ist einmalig in Europa. Daher engagieren sich Stadtplaner und Denkmalschützer für den Erhalt der Anlage und versuchen, neue Nutzungsmöglichkeiten zu finden. Für den höchsten Punkt der Hochofenanlage entwarf der tschechische Architekt Josef Pleskot (geboren 1952) einen schraubenförmigen Aufsatz, der nach dem Sprinter Usain Bolt benannt wurde („Bolt Tower"). Der Name spielt aber auch auf die äußere Gestalt des Bauteils an. Von dort oben genießt man einen eindrucksvollen Blick über das Werksgelände und die ganze Stadt. Im darunter liegenden Besucherzentrum ist es möglich, der Geschichte der Eisen- und

Stahlproduktion nachzugehen. Daran anschließend vermittelt eine Führung durch die ausgebrannten Hochöfen einen Eindruck von der gewaltigen Hitze, die mit der Stahlproduktion verbunden war. In den zur Werksanlage gehörenden riesigen Gasbehälter hat Josef Pleskot eine Multifunktionsarena eingebaut. Unter dem Namen „Gong" wird sie u.a. für Musikveranstaltungen genutzt. Alte Industriebauten, so schreibt Pleskot, sind ihrer rohen Schönheit und übermenschlichen Größe wegen oft besonders reizvoll für eine neue Nutzung. Doch beginnen die Probleme damit, dass der Verfall beginnt, wenn die Gebäude nicht mehr zur Produktion gebraucht werden. Sobald der letzte Arbeiter sie verlässt, wird ihr Zustand kritisch und sie werden langsam von der sie umgebenden Natur geschluckt oder in Teile zerlegt, um dann auf dem Schrottplatz zu enden, so Pleskot weiter.[115] Diesen Niedergang zu verhindern und so die Konversion voran zu bringen ist Pleskot auch bei einem weiteren Vorhaben gelungen, der „Svět techniky" („Welt der Technik"), das Kindern und Erwachsenen Erkenntnisse und Objekte aus Naturwissenschaft und Technik präsentiert. Dazu wurde ein altes Betriebsgebäude zu Ausstellungszwecken umgebaut und daneben ein moderner Bau errichtet. Doch kann angesichts des riesenhaften Geländes und der unermesslichen Zahl zu erhaltender Bauten die Konversion hier gelingen? Die noch erhaltenen, jetzt oft freigestellten Gebäudereste wirken bizarr, ihrer Funktion beraubt. Sie verfallen langsam und werden unweigerlich zu Ruinen. Alles zu erhalten erscheint kaum möglich, der Eintrittspreis müsste dann astronomisch hoch sein. So muss wahrscheinlich zwangsläufig eine Art Freilichtmuseum entstehen, das mit neuen Aufgaben bedachte und architektonisch attraktiv umgewandelte Werksgebäude mit alten, sich selbst überlassenen kombiniert. Hinunter zum Fluss Ostravice entwickelt sich eine Art Parklandschaft, es wächst Rasen, vereinzelt stehen Bäume. Doch haben es die Grasflächen mancherorts noch schwer, richtig grün auszusehen. Es wirkt eher so, als ob der Dreck im Boden den Farbton in graues Schwarz zieht. Neu gebaute Erschließungsstraßen führen zwischen den übriggebliebenen Industriebauten hindurch, ordentlich geteert, mit Gehwegen und Fahrbahnmarkierung, ja sogar mit Parkplätzen für die Besucher.

Abbildung 55: Vítkovice heute: Der Hochofen „Bolt Tower" als Touristenmagnet

Die gehetzte Betriebsamkeit des Stahlwerks, die hier früher wohl herrschte, ist verschwunden. Illusion bleibt auch die geplante Anbindung an das etwa 2 km entfernte Stadtzentrum um den Masarykovo náměstí, die Josef Pleskot vorgeschlagen hat.

Lagerflächen und Verkehrsanlagen schaffen bislang eine Art natürliche Grenze zwischen dem Stahlwerksgelände und dem Wohn- und Geschäftsareal.

An anderer Stelle, im Süden des Stadtgebiets, zeigt sich Ostravas Veränderungsprozess in nochmals anderer Weise. Entlang der Horní, einer weiträumig angelegten Ausfallstraße, wurden die in langen Reihen angeordneten, meist mehr als 12 Stockwerke hohen Plattenbauten aus den 1970er bis 80er Jahren farbig gestaltet. So bieten sie einen bunten Kontrast zu den zwischen die alten Häuser geschobenen, europaweit standardisierten, mehr als einfallslosen Flachbauten à la Lidl oder Aldi. Überhaupt, die Geschäfte verändern sich, der Laden um die Ecke ist nicht mehr da, stattdessen gibt es jetzt Wettbüros, Schnellimbisse oder Telefonshops. Alles in allem wirkt der Straßenzug glanzlos, ein Spiegel der postsozialistischen Zeit. Der Schriftsteller Jan Balabán wählt die Plattenbausiedlung als Schauplatz seines eher skeptischen Blicks auf die Gegenwart. Die Erzählung „Magda" aus der Sammlung „Možná že odcházíme"[116] aus dem Jahr 2004 zeigt, wie die Bewohner die Trost-losigkeit des Lebens in der Plattenbausiedlung „Dubovina", gemeint ist hier Dubina im Süden Ostravas, wahrnehmen. Die Erzählung beginnt damit, wie der 12jährige Jaromír seinen Weg durch das Stadtviertel sucht und zu den verlassenen Hangars des früheren Flughafens kommt. Er geht zwischen den identisch aussehenden Plattenbauten, an deren Fugen das Wasser herunter rinnt, zu den Maisfeldern, die sich am Rande der Siedlung wie eine Savanne ausbreiten, und in denen er verschwinden kann. Dabei läuft über teergeflickte Straßen, die durch den LKW-Verkehr Spurrillen bekommen haben, und trifft dabei auf Arbeiter, die aus dem Gefängnis kommen. Im Maisfeld erscheint ihm eine

Traumwelt mit Eichen um eine Lichtung, durch die Jaromír nach oben zum Himmel schaut. Im Gegensatz dazu steht der zweite Teil der Erzählung, in dem eine Wohnung im Erdgeschoss eines Plattenbaus beschrieben wird, deren Balkon sich kaum über dem Boden erhebt. Unmittelbar unterhalb des Balkons verläuft ein schlammiger Pfad. Aus Schutz vor möglichen Eindringlingen ist der Balkon vergittert, wobei das Gitter auch als Aufstiegshilfe in den darüber liegenden Balkon dienen mag. Balabán entwirft hier ein trostloses Bild, bei der die Bewohner der Plattenbausiedlung desillusioniert und vereinsamt sind und sich eine Phantasiewelt begeben. Ein ähnlich skeptischer Blick ist auch in der Erzählung „Emil" erkennbar, in der Balabán Erscheinungen der postkommunistischen Welt wie Pfandleihgeschäfte, Spielhallen oder Abendverkaufsläden kritisiert.

Das Tableau der Veränderung beschränkt sich aber nicht nur auf Wirtschaft und Architektur, sondern zeigt auch Folgen für die soziale Situation in Ostrava. Die Stadtsoziologin Annegret Haase erforscht den Wandlungsprozess von Städten in Ostmitteleuropa, konkret den sog. „residential change", d.h. die Veränderungen in der Wohnbevölkerung nach dem Ende des Sozialismus. Ihr zufolge lag der Fokus der Stadtentwicklung im Sozialismus nicht in der Kernstadt, sondern in den großen suburbanen Plattenbausiedlungen, die in der Konkurrenz zur Innenstadt gebaut wurden.[117] Das bedeutete, dass die alten Kernstädte zugunsten der neuen Stadtrandsiedlungen vernachlässigt wurden. So siedelten sich in den Kernstädten eher ältere und ärmere Personen an, die sich die besser ausgestatteten Wohnungen in den Neubausiedlungen nicht leisten konnten. Damit aber kam es – entgegen der offiziellen Zielsetzung – durchaus zu einer sozialräumlichen Differenzierung, eine Durchmischung der

Bevölkerung fehlte.[118] Nach dem Ende des Sozialismus fielen die administrativen Vorgaben für die Wahl des Wohnorts weg, wodurch sich die Bevölkerungsverteilung drastisch veränderte. So ging in den inneren Bezirken Ostravas die Bevölkerung von 1991 bis 2001 um 10 % zurück.[119] Freiwerdende Wohnungen wurden oft von Roma bezogen, die seit 1990 in größerem Umfang aus der Slowakei einwanderten und sich im nördlichen Teil von Ostravas Innenstadt ansiedelten, wo die Wohnbedingungen besonders schlecht sind. In einer einzigartigen Aktion wurde in den frühen 2000er Jahren hier ein Teilgebiet restrukturiert. Aus einer stark vernachlässig-ten Innenstadtlage wurde das Vergnügungsgebiet um die Stodolní. Die bisherige Bevölkerung, überwiegend Roma, wurde zum Umzug gezwungen, und es entstand ein Areal mit vielen Restaurants und Bars, das heute ein Zentrum des Nachtlebens in Ostrava ist.[120] Eine wirkliche Neubelebung dieses Areals ist damit nicht verbunden, auch hier ist abzusehen, dass sich die Stadt weiter wandeln wird.

Das Bild der Stadt heute

Was aber bestimmt unsere aktuelle Wahrnehmung des Stadtbilds von Ostrava am meisten? Sind es die Türme, ist es der Antagonismus von Zentrum und Peripherie? Oder sind es doch die Spuren der Industrie? Befinden wir uns in „černa Ostrava" („schwarzes Ostrava") oder in „Ostrava v důchodu" („Ostrava in Rente")?

Abbildung 56: Ostrava Hořka čokolada („Ostrava Bitterschokolade") und Ostrava v důchodu („Ostrava in Rente - Führer durch eine untergegangene Berühmtheit")

Welcher Regionalkrimi könnte in Ostrava spielen? Ganz sicher nicht nur einer, der die Sujets ehrlicher Arbeiter, einfache Leute oder Untergang der Industriegesellschaft bedient. Denn Ostrava ist mehr als nur Öde und Verfall. Ostrava ist immer noch eine Stadt mit funktionierender Industrie. Maschinenbau, Stahlindustrie, chemische Industrie, Energieerzeugung, Automobilindustrie und Zulieferer finden sich über die gesamte Stadtregion verteilt. Ostrava ist auch ein bedeutendes Forschungszentrum, sichtbar am Campus rund um die Technische Hochschule in Poruba. Informatik, Materialwissenschaft und andere Zukunftsfächer sind hier angesiedelt. Auch kulturell zeigen sich vielfältige Aktivitäten in den verschiedensten Bereichen, vom internationalen Festival „Colours of Ostrava" über sehenswerte Operninszenierungen bis zu Ausstellungen von Künstlern aus der Umgebung. In Ostrava kann man sehen, dass der Erhalt der Denkmäler im Leben der Stadt wichtig ist, weil sich viele Bürger für die Geschichte in die Jahre gekommener Bauwerke interessieren. Das bedeutet nicht, dass alles perfekt erhalten wäre – ganz im Gegenteil. Doch nicht alles wird dem Gesetz der ökonomischen Verwertbarkeit geopfert, so dass die Stationen der Geschichte dank des reichen architektonischen Erbes unmittelbarer erlebbar werden. Besonders für die Industriegeschichte ist Ostrava von großer Bedeutung und braucht den Vergleich mit bekannteren tschechischen Städten wie Brünn oder Olmütz nicht zu scheuen.

Ostrava fasziniert einfach durch die Vielzahl an Szenarien, die auf der städtischen Bühne bespielt werden. Die Brache, die heute noch an vielen Stellen das Stadtbild bestimmt, lässt sich auch als temporär ungebrauchtes Gelände interpretieren, das schon in nächster Zeit eine neue Bedeutung erhalten wird. Einmalig ist, wie man im

Sommergarten des Gasthauses Spolek in der Nádražní verschiedene Stadtbilder vom Platz aus erkennen kann. In einer Richtung erblickt man historisierende Gründerzeitfassaden eines nicht zu Ende gebauten Hauses, daneben ein verfallendes Haus aus dieser Zeit mit geschwärzter Außenwand und im rechten Winkel dazu die verspiegelte Frontseite eines nicht mehr ganz modernen Hauses. In Hörweite eine Hauptstraße mit Trambahnklingeln und flanierenden Passanten. Kurz, ein Kontrast, den man kaum woanders erleben kann. Und das Ganze spielt sich in einem der interessantesten Teile Europas ab, im größtenteils noch zu entdeckenden Raum zwischen Prag, Breslau, Wien und Krakau, Städte, die alle nur um die drei Stunden von Ostrava entfernt liegen.

Hinweise für einen Besuch Ostravas

Die meisten der erwähnten Orte in und um Ostrava lassen sich besuchen. Angesichts der Ausdehnung des Stadtgebiets wird man dabei auf das Auto zurückgreifen. Wer das nicht möchte, kann die Orte auch mit Hilfe des hervorragend ausgebauten öffentlichen Nahverkehrssystems (Tram, Trolleybus, Bus) erreichen. Fahrkarten kauft man am besten vor der Fahrt am Automaten oder in ausgewählten Geschäften (Tabak oder Zeitungsläden). Es gibt auch Tagesfahrscheine, die sich für den Besuch mehrerer Orte besonders eignen. Nähere Informationen auf der Homepage der Verkehrsbetriebe:

https://www.dpo.cz/public-transport-ostrava.html (auf Englisch)
Weitere Informationen und Linienpläne:
https://www.dpo.cz/soubory/aktuality/prirucky/pruvodce-guide.pdf
(auf Tschechisch und Englisch)
Informationen über Reiseverbindungen (nicht nur in Ostrava, sondern in ganz Tschechien und international):
https://jizdnirady.idnes.cz/vlakyautobusy/spojeni/
Will man sich in der Stadt orientieren oder die verschiedenen Orte auf einem Plan finden, bietet sich www.mapy.cz an, hier kann man die jeweiligen Sehenswürdigkeiten eingeben. Außerdem bietet die Seite noch verschiedene Funktionen an wie z.B. eine Panoramaansicht oder eine Entfernungsmessung.

Rathausturm
Der Turm des Neuen Rathauses befindet sich im Gebäude, Prokešovo náměstí und ist täglich geöffnet, von März bis Oktober 9-19 Uhr, von

November bis Februar 9-17 Uhr, Einschränkungen sind möglich. Zur Aussichtsplattform führt ein Lift.
Haltestelle Nová radnice (Trolleybus)

Vítkovice
Das historische Zentrum von Vítkovice rund um den Mírové náměstí ist frei zugänglich. Kirche, Rathaus und Arbeitersiedlung finden sich rund um den Platz und können von außen besichtigt werden.
Haltestelle Mírové náměstí (Trambahn, Bus)
Das ehemalige Hüttengelände kann im Rahmen einer Führung besichtigt werden. Das Besucherzentrum befindet sich an der Ruská. Nebenan die Multifunktionsarena und das Musuem Svět techniky.
Öffungs- und Führungszeiten unter
http://www.dolnivitkovice.cz/domu
Haltestelle Dolní Vítkovice (Trambahn)

Grube Michál (Narodní kulturní památky Důl Michál)
Einrichtungen des Bergwerks ober Tage sind während einer Führung zugänglich.
Öffnungs- und Führungszeiten unter https://www.dul-michal.cz/en
Haltestelle Michálkovice (Bus)

Grube Anselm (Důl Anselm, Museum Landek Park)
Bergwerk und Museum. Die Schachtanlage unter Tage ist mit einer Führung zugänglich.
Öffnungs- und Führungszeiten unter http://www.landekpark.cz/domu
Haltestelle Hornické muzeum (Bus)

Bezruč-Haus in Opava
Die Gedenkstätte befindet sich in der Ostrožná 35 in Opava, ca. 500 m vom Bahnhof Opava východ. Dorthin verkehren regelmäßig Züge von Ostrava.
Öffungszeiten des Museums unter
http://www.szm.cz/de/category/245/ausstellungsareale-des-schlesischen-landesmuseums/petr-bezruc-gedenkstatte-opava.html

Bezruč-Sommerhaus in Ostravice
Das Sommerhaus befindet sich in Ostravice, Hausnummer 41. Nach Ostravice gelangt man von Ostrava mit dem Bus.
Öffnungszeiten unter
http://www.szm.cz/de/category/247/ausstellungsareale-des-schlesischen-landesmuseums/petr-bezruc-holzhaus-ostravice.html

Nádražní und Masarykovo náměstí
Die verschiedenen Gebäude entlang der Nádražní sind von außen frei zugänglich. Von der Nádražní gelangt man über die Zámecká auch zum zentralen Platz, dem Masarykovo náměstí. An der Ecke Puchmajerova steht das Kaufhaus Bachner.
Haltestelle Elektra (Trambahn) für Nádražní
Haltestelle Most M. Sýkora (Trolleybus, Bus) für Masarykovo náměstí

Kaufhäuser Textilia und Brouk a Babka
Die beiden Kaufhäuser stehen einander schräg gegenüber in der 28.října / Smetanovo náměstí.
Das Kaufhaus Textilia ist nur von außen zugänglich, im Kaufhaus Brouk a Babka befindet sich eine Buchhandlung und ein Café, die zu den Öffungszeiten zugänglich sind.

Haltestelle Výstaviště (Trambahn)

Villa Liska
Das Haus in der Čedičová 8 ist nur von außen zugänglich.
Haltestelle Všehrdův sad (Trolleybus, Bus)

Jubilejní Kolonie
Die Siedlung der Jubilejní kolonie befindet sich im Süden und ist von der Závodní leicht zugänglich.
Haltestelle Jubilejní kolonie (Trambahn)

Bělský les
Repräsentative Gebäude des ersten Bauabschnitts befinden sich an der Gončarova und sind von außen frei zugänglich. Die Gebäude des zweiten Bauabschnitts finden sich rund um den Platz Náměstí Slovenského národního povstání ca. 200 m südlich davon und sind ebenfalls von außen zugänglich.
Haltestelle Rodimcevova (Trambahn)

Poruba
Das Gelände ist von außen frei zugänglich. Start für einen Besuch am besten von der Haltestelle
Hlavní třída aus, zunächst in die Hlavní třída, über den Alšovo náměstí, dann nach links in die Porubská am Věžičky vorbei hinunter zum Oblouk.
Haltestelle Hlavní třída (Trambahn)

Hauptbahnhof (Hlavní nádraží)
Der Bahnhof ist zu den Öffnungszeiten zugänglich

Haltestelle Hlavní nádraží (Trambahn, Trolleybus)

Bahnhof Vítkovice
Der Bahnhof befindet sich gut 2 km südlich vom Hüttengelände Vítkovice
Der Bahnhof ist zu den Öffnungszeiten zugänglich, einige Bereiche sind jedoch abgesperrt.
Haltestelle Nádraží Vítkovice (Trambahn)

Bauten des Brüsseler Stils
Das Hochhaus „Černá perla" (Schwarze Perle) befindet sich in Poruba in der Slavikova. Man gelangt dorthin von der Haltestelle Poruba Vozovna über die Sokolovská. Auch der Havlíčkovo náměstí mit der Skulptur „Vertikála" befindet sich in Poruba. Man gelangt dorthin ebenfalls von der Haltestelle Poruba Vozovna aus.
Haltestelle Poruba Vozovna (Trambahn)
Das Verwaltungsgebäude des Vítkovice-Konzerns befindet sich in der Ruská 101.
Haltestelle Ředitelství Vítkovic (Trambahn)
Die Skulptur „Řečtí andělé" befindet sich auf dem Zentralfriedhof (Ústřední hřbitov).
Haltestelle Ústřední hřbitov (Trolleybus)

Halde Ema (Halda Ema)
Die Halde Ema ist frei zugänglich. Man kann vom Masarykovo náměstí aus über die Ostravice und dann über die Těšinská, die Straßen Na Baranovci und Na Burni bergan zum Haldengelände gehen (ca. 2 km) oder von der Haltestelle Zoo aus (ca. 500 m) über die Miloše Svobody.

Auf dem Weg kommt man an den Austrittsstellen des Grubengases vorbei, von oben hat man einen guten Ausblick über die Stadt.
Haltestelle Zoo (Trolleybus, Bus)

Dubina
Den besten Eindruck der Plattenbausiedlung gewinnt man, wenn man mit der Straßenbahn zur Endhaltestelle Dubina fährt.
Haltestelle Dubina (Trambahn)

Nová Karolina
Das Einkaufszentrum ist zu den Öffnungszeiten, auch sonntags, zugänglich.
Haltestelle Karolina (Trambahn)

Die Angaben sollen nur eine erste Orientierung bieten und sind ohne Gewähr für Richtigkeit und Vollständigkeit.

Ostrava – Schematischer Übersichtsplan

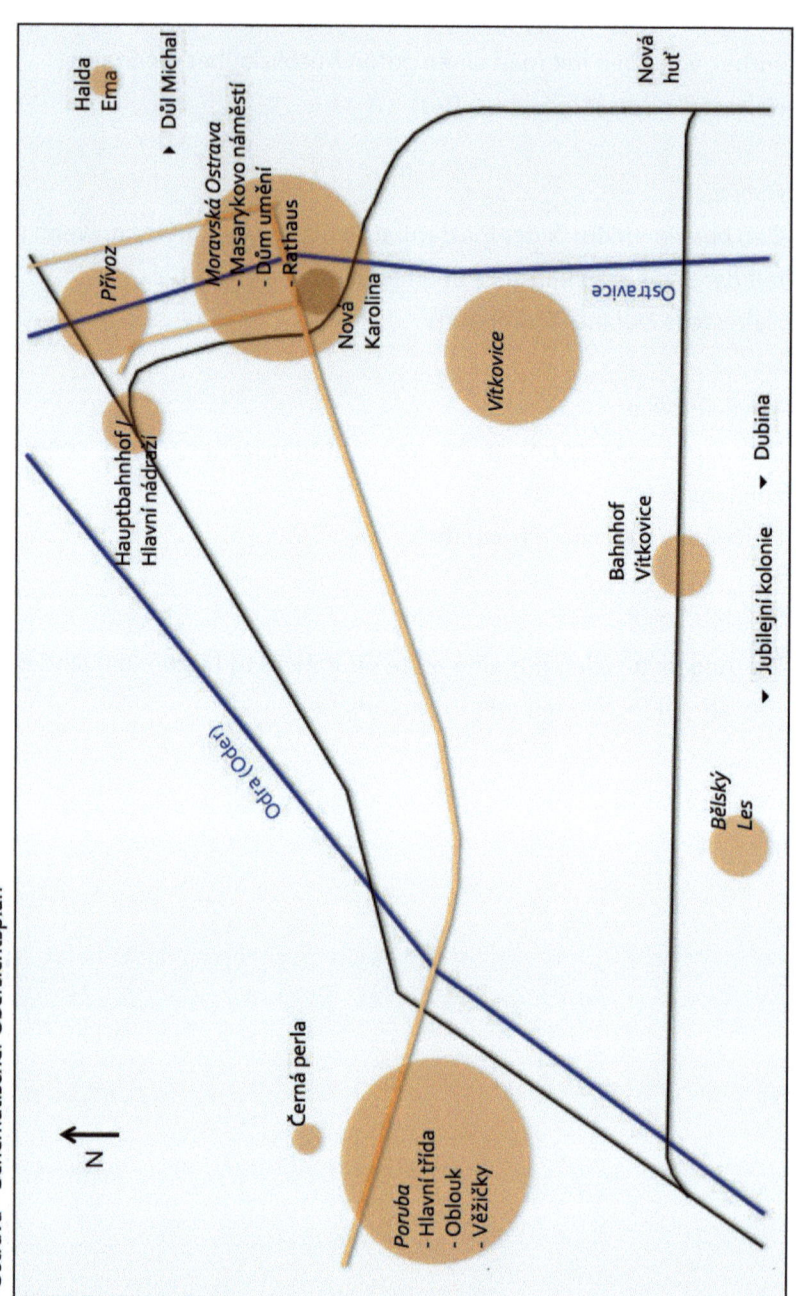

Anmerkungen

[1] Balabán, Jan: Der schwarze Stern. Die Stadt Ostrau in zwölf Bildern. In: Stiftung Zollverein (Hg.): Černá hvězda. Nürnberg: Verlag für moderne Kunst 2010. 32-109. S. 62-3

[2] Kundera, Milan: Der Scherz. Frankfurt / Main: Fischer 2013 (zuerst 1987). S. 39

[3] ibid., S. 321

[4] ibid., S. 91-3

[5] http://www.krasnaostrava.cz (gesehen am 13.08.2018)

[6] Samoyault, Tiphaine: Roland Barthes. Die Biographie. Berlin: Suhrkamp 2015. S. 192-3

[7] Urry, John: The tourist gaze. Second edition. London: Sage 2002. S. 3

[8] Barthes, Roland: Der Eiffelturm. Berlin: Suhrkamp 2016, S. 18-9

[9] ibid., S. 19

[10] Schlögel, Karl: Die Promenade von Jalta. 2. Auflage. Frankfurt / Main: Fischer 2006. S. 257

[11] Barthes, Roland: Der Eiffelturm. Berlin: Suhrkamp 2016, S. 21

[12] ibid., S. 22

[13] ibid., S. 24

[14] Strakoš, Martin: Ostrau in fünf Kapiteln. In: Stiftung Zollverein (Hg.): Černá hvězda. Nürnberg: Verlag für moderne Kunst 2010. 109-190. S. 174

[15] ibid.,. S. 136

[16] ibid.,. S. 165

[17] Vybíral, Jindřich: Die Geburt einer Großstadt. Ostrava: Institut für Denkmalpflege 2001, S. 80

[18] Backhaus, Fritz: „Rothschild, Salomon Mayer Freiherr von", in: Neue Deutsche Biographie 22 (2005), S. 133 [Onlinefassung]; URL: http://www.deutschebiographie.de/pnd116641924.html (gesehen am 13.08.2018)

[19] Geršlová, Jana, „Riepl, Franz Xaver", in: Neue Deutsche Biographie 21 (2003), S. 602-603 [Onlinefassung]; URL: http://www.deutsche-biographie.de/pnd136929800X.html (gesehen am 13.08.2018)

[20]

http://www.biographien.ac.at/oebl/oebl_K/Kupelwieser_Paul_1843_1919.xml (gesehen am 13.08.2018)

[21] Föhl, Axel: Eine weniger auffallende Schönheit / Méně nápadná krása. In: Stiftung Zollverein (Hg.): Černá hvězda. Nürnberg: Verlag für moderne Kunst 2010. 9-16. S. 14

[22] Strakoš, Martin: Průvodce Architekturou Ostravy. Národní památkový ústav, územní odborné pracoviště v Ostravě 2009, S. 337

[23] ibid., S. 347

[24] Föhl, Axel: Eine weniger auffallende Schönheit / Méně nápadná krása. In: Stiftung Zollverein (Hg.): Černá hvězda. Nürnberg: Verlag für moderen Kunst 2010. 9-16. S. 13

[25] Strakoš, Martin: Průvodce Architekturou Ostravy. Národní památkový ústav, územní odborné pracoviště v Ostravě 2009. S. 336. Übersetzung M.L.

[26] ibid., S. 267

[27] Vybíral, Jindřich: Die Geburt einer Großstadt. Ostrava: Institut für Denkmalpflege 2001. S. 31

[28] Bezruč, Petr: Schlesische Lieder. Leipzig: Kittl 1937. S. 114

[29] Fuchs, Rudolf: Einleitung. In: Bezruč, Petr: Schlesische Lieder. Leipzig: Kittl 1937. S. 10-20; Klézlová, Martina: Führer durch die Gedenkstätte und das Petr Bezruč Holzhaus des Schlesischen Landesmuseums. Opava: Schlesisches Landesmuseum 2012. http://www.szm.cz/media/docs/ppb-spb-nem-nahled-54eae035743c7.pdf (gesehen am 21.08.2018)

[30] Fuchs, Rudolf: Einleitung. In: Bezruč, Petr: Schlesische Lieder. Leipzig: Kittl 1937, S. 7

[31] ibid., S. 10-11

[32] ibid., S. 19

[33] Bezruč, Petr: Schlesische Lieder. Leipzig: Kittl 1937, S. 95-96

[34] Zemanová, Mirka: Janáček: A composer's life. Boston: Northeastern University Press 2002. S. 103-104

[35] https://www.youtube.com/watch?v=9pWlVIYYRSE (gesehen am 23.08.2018)

[36] Fuchs, Rudolf: Einleitung. In: Bezruč, Petr: Schlesische Lieder. Leipzig: Kittl 1937, S. 24-26

[37] ibid., S. 50

[38] ibid., S. 55

[39] Kirchgeßner, Kilian: Tschechiens Revier im Aufbruch. Radiobeitrag für den Bayerischen Rundfunk 2015

[40] Vybíral, Jindřich: Die Geburt einer Großstadt. Ostrava: Institut für Denkmalpflege 2001. S. 61

[41] Strakoš, Martin: Průvodce Architekturou Ostravy. Národní památkový ústav, územní odborné pracovistě v Ostravě 2009, S. 32

[42] Vybíral, Jindřich: Die Geburt einer Großstadt. Ostrava: Institut für Denkmalpflege 2001. S. 114-115

[43] ibid., S. 115

[44] ibid., S. 91

[45] ibid., S. 69

[46] ibid., S. 70-1

[47] ibid., S. 72

[48] ibid., S. 84

[49] http://historie.ovajih.cz/architekt-arnost-korner-nejen-domy-jubilejni-kolonie/ (gesehen am 17.06.2018)

[50] Ostravský deník 13.09.1924, zitiert nach Vybíral, Jindřich: Die Geburt einer Großstadt. Ostrava: Institut für Denkmalpflege 2001. S. 84

[51] Wechsberg, Joseph: Heimkehr. Wuppertal: Arco 2015 [zuerst New York 1946], S. 86

[52] Vybíral, Jindřich: Die Geburt einer Großstadt. Ostrava: Institut für Denkmalpflege 2001. S. 76-77

[53] Vybíral, Jindřich: Die Geburt einer Großstadt. Ostrava: Institut für Denkmalpflege 2001. S. 86-87

[54] Filip, Ota: Der siebente Lebenslauf. München: Herbig 2001. S. 26-7

[55] Vybíral, Jindřich: Die Geburt einer Großstadt. Ostrava: Institut für Denkmalpflege 2001. S. 94-95

[56] Vybíral, Jindřich: Die Geburt einer Großstadt. Ostrava: Institut für Denkmalpflege 2001. S. 101

[57] ibid., S. 112

[58] Strakoš, Martin: Průvodce Architekturou Ostravy. Národní památkový ústav, územní odborné pracovistě v Ostravě 2009, S. 295-298

[59] ibid., S. 192-193

[60] ibid., S. 33

[61] Vybíral, Jindřich: Die Geburt einer Großstadt. Ostrava: Institut für Denkmalpflege 2001, S. 84

[62] Brenner, Christiane: „Zwischen Ost und West" Tschechische Politische Diskurse 1945-1948. München: Oldenbourg 2009. S. 21

[63] Kocian, Jiří: Czechoslovakia between two totalitarian systems (1945-1948). In: Pánek, Jaroslav; Tůma, Oldřich (Ed.): A history of the Czech lands. Prague: Carolinum Press 2009. 461-490. S. 463

[64] cf. dazu Marek, Michaela: Der tschechoslowakische Weg zum sozialistischen Realismus. Das Beispiel Ostrava. In: Kovács, Tímea (Hg.): Halb-Vergangenheit. Städtische Räume und urbane Lebenswelten vor und nach 1989. Berlin: Lukas 2010. 44-91. S. 47

[65] Marek, Michaela: Der tschechoslowakische Weg zum sozialistischen Realismus. Das Beispiel Ostrava. In: Kovács, Tímea (Hg.): Halb-Vergangenheit. Städtische Räume und urbane Lebenswelten vor und nach 1989. Berlin: Lukas 2010. 44-91. S. 48

[66] ibid., S. 45

[67] ibid., S. 47-8

[68] ibid., S. 52

[69] ibid., S. 49

[70] ibid., S. 50

[71] Zarecor, Kimberly Elman: Manufacturing a socialist modernity. Pittsburgh: University of Pittsburgh Press 2011. S. 210

[72] Marek, Michaela: Der tschechoslowakische Weg zum sozialistischen Realismus. Das Beispiel Ostrava. In: Kovács, Tímea (Hg.): Halb-Vergangenheit. Berlin: Lukas 2010. 44-91. S. 45

[73] ibid., S. 53

[74] ibid., S. 69

[75] ibid., S. 69

[76] ibid., S. 56

[77] ibid., S. 80-82

[78] ibid., S. 55 und 57

[79] Strakoš, Martin: Průvodce architekturou Ostravy. Ostrava: Národní pamatkovy ústav 2009. S. 247

[80] Strakoš, Martin: Průvodce architekturou Ostravy. Ostrava: Národní pamatkovy ústav 2009. S. 260; Šmehlík, Vladimír: Ostrava. Průvodce mestem. Praha: Freytag & Berndt 2009, 46-47; Marek, Michaela: Der tschechoslowakische Weg zum sozialistischen Realismus. Das Beispiel Ostrava. In: Kovács, Tímea (Hg.): Halb-Vergangenheit. Berlin: Lukas 2010, 44-91. S. 78

[81] Marek, Michaela: Der tschechoslowakische Weg zum sozialistischen Realismus. Das Beispiel Ostrava. In: Kovács, Tímea (Hg.): Halb-Vergangenheit. Berlin: Lukas 2010, 44-91. S. 82

[82] Zarecor, Kimberly Elman: Manufacturing a Socialist Modernity. Pittsburgh: University of Pittsburgh Press 2011. S. 161; Strakoš, Martin: Průvodce architekturou Ostravy. Ostrava: Národní pamatkovy ústav 2009. S. 263

[83] Šmehlík, Vladimír: Ostrava. Průvodce mestem. Praha: Freytag & Berndt 2009

[84] Zarecor, Kimberly Elman: Manufacturing Socialist Modernity. Pittsburgh: Pittsburgh University Press 2011. S. 115

[85] cf. dazu auch Marek, Michaela: Der tschechoslowakische Weg zum sozialistischen Realismus. Das Beispiel Ostrava. In: Kovács, Tímea (Hg.): Halb-Vergangenheit. Berlin: Lukas 2010, 44-91. S. 75-6 und Fußnote 174

[86] Marek, Michaela: Der tschechoslowakische Weg zum sozialistischen Realismus. Das Beispiel Ostrava. In: Kovács, Tímea (Hg.): Halb-Vergangenheit. Berlin: Lukas 2010, 44-91. S. 75

[87] ibid., S. 78

[88] Czepczyński, Mariusz: Cultural landscapes of post-socialist cities. Aldershot: Ashgate 2008, S. 59-60 und S. 63

[89] ibid., S. 64 und 66

[90] ibid., S. 92

[91] Marek, Michaela: Der tschechoslowakische Weg zum sozialistischen Realismus. Das Beispiel Ostrava. In: Kovács, Tímea (Hg.): Halb-Vergangenheit. Berlin: Lukas 2010, 44-91. S. 44

[92] Strakoš, Martin: Po sorele brusel, kov, sklo, struktury a beton. Ostrava: Národní památkový ústav 2014. S. 39-41

[93] Schulze Wessel, Martin: Der Prager Frühling. Ditzingen: Reclam 2018. S. 39-40

[94] Strakoš, Martin: Po sorele brusel, kov, sklo, struktury a beton. Ostrava: Národní památkový ústav 2014. S. 21-23 und 29

[95] cf. Strakoš, Martin: Po sorele brusel, kov, sklo, struktury a beton. Ostrava: Národní památkový ústav 2014, S. 24

[96] Palata, Oldřich: Sklo na světové výstavě Expo 58. In: Bruselský sen. Katalog výstavy. Praha: Arbor Vitae 2008. 116-131

[97] Štulc, Jan: Porcelán a keramika na Expo 58 v Bruselu. In: Bruselský sen. Katalog výstavy. Praha: Arbor Vitae 2008. 132-143

[98] Karasová, Daniela: Bruselský sen - interiér a nábytek. In: Bruselský sen. Katalog výstavy. Praha: Arbor Vitae 2008. 252-263

[99] zitiert nach: Mládková, Jitka: Die Expo 1958: Startschuss für die moderne Architektur in Nordmähren. http://www.radio.cz/de/artikel/455615 (gesehen am 2.08.2018)

[100] ibid.

[101] https://www.ostrava.cz/cs/o-meste/tiskove-zpravy/historicke-kalendarium-1/archiv-historickeho-kalendaria/article.2015-06-22.1599298720 (gesehen am 2.08.2018)
[102] Strakoš, Martin: Průvodce Architekturou Ostravy. Národní památkový ústav, územní odborné pracoviště v Ostravě 2009. S. 270-1
[103] Mládková, Jitka: Die Expo 1958: Startschuss für die moderne Architektur in Nordmähren. http://www.radio.cz/de/artikel/455615 (gesehen am 2.08.2018)
[104] Strakoš, Martin: Průvodce Architekturou Ostravy. Národní památkový ústav, územní odborné pracoviště v Ostravě 2009. S. 360-1; Mládková, Jitka: Die Expo 1958: Startschuss für die moderne Architektur in Nordmähren. http://www.radio.cz/de/artikel/455615 (gesehen am 2.08.2018); Strakoš, Martin: Architektura pozdního modernismu v ohrožení. http://www.krasnaostrava.cz/wp-content/uploads/2013/07/Protimluv_3-2012-Martin-Strakoš-Architektura-pozdn%C3%ADho-modernismu-v-ohrožen%C3%AD.pdf S. 15-16 (gesehen am 25.06.2018)
[105] Strakoš, Martin: Průvodce Architekturou Ostravy. Národní památkový ústav, územní odborné pracoviště v Ostravě 2009. S. 358 und 336
[106] ibid., S. 362
[107] Balabán, Jan: Der schwarze Stern. Die Stadt Ostrau in zwölf Bildern. In: Stiftung Zollverein (Hg.): Černá hvězda. Nürnberg: Verlag für moderne Kunst 2010. 32-109. S. 63
[108] Hasse, Jürgen: Was Räume mit uns machen - und wir mit ihnen: Kritische Phänomenologie des Raumes. 2. Auflage. Freiburg: Alber 2015. S. 266-7
[109] ibid., S. 266
[110] ibid., S. 268-70
[111] ibid., S. 28
[112] http://kathedralen-von-ostrava.de (gesehen am 6.08.2018)
[113] Hasse, Jürgen: Was Räume mit uns machen - und wir mit ihnen: Kritische Phänomenologie des Raumes. 2. Auflage. Freiburg: Alber 2014. S. 174-177
[114] Roland Barthes: Der Eiffelturm. Berlin: Suhrkamp 2015. S. 36
[115] VOLF, Petr; ŠVÁCHA, Rostislav; Tomáš Souček: 1492: The story of Dolní Vítkovice. Prostor 2013. S. 67
[116] Balabán, Jan: Možná že odcházíme. Brno: Host 2007; auf deutsch „Vielleicht gehen wir weg"
[117] Haase, Annegret; Steinführer, Annett; Kabisch, Sigrid; Grossmann, Katrin; Hall, Ray (Ed.): Residential Change and demographic challenge. Farnham: Ashgate 2011. S. 25

[118] ibid., S. 143-5
[119] ibid., S. 149
[120] ibid., S. 160-162

Michael Leidner, Studium der Sozial- und Literaturwissenschaften an den Universitäten München, Bamberg und Erlangen-Nürnberg, Staatsexamen, M.A., Dr. phil., arbeitet als Sozialwissenschaftler und Dozent, seit 2010 mehrere Studienaufenthalte in Tschechien.

Alle Abbildungen stammen, wenn nicht anders angegeben, vom Autor.